Dedication

To all those who ever struggled with learning a foreign language and to Wolfgang Karfunkel

Also by Yatir Nitzany

Conversational Spanish Quick and Easy

Conversational French Quick and Easy

Conversational Italian Quick and Easy

Conversational Portuguese Quick and Easy

Conversational German Quick and Easy

Conversational Dutch Quick and Easy

Conversational Norwegian Quick and Easy

Conversational Danish Quick and Easy

Conversational Swedish Quick and Easy

Conversational Finnish Quick and Easy

Conversational Russian Quick and Easy

Conversational Ukrainian Quick and Easy

Conversational Bulgarian Quick and Easy

Conversational Polish Quick and Easy

Conversational Hebrew Quick and Easy

Conversational Yiddish Quick and Easy

Conversational Armenian Quick and Easy

Conversational Romanian Quick and Easy

Conversational Arabic Quick and Easy

CONVERSATIONAL DUTCH QUICK AND EASY SERIES

The Most Innovative Technique To Learn the Dutch Language

PART - 1, PART – 2, PART - 3

YATIR NITZANY

Check out my website:
www.Conversational-Languages.com

Copyright © 2024
Yatir Nitzany
All rights reserved.
ISBN-13: 978-1951244743
Printed in the United States of America

Foreword

About Myself

For many years I struggled to learn Spanish, and I still knew no more than about twenty words. Consequently, I was extremely frustrated. One day I stumbled upon this method as I was playing around with word combinations. Suddenly, I came to the realization that every language has a certain core group of words that are most commonly used and, simply by learning them, one could gain the ability to engage in quick and easy conversational Spanish.

I discovered which words those were, and I narrowed them down to three hundred and fifty that, once memorized, one could connect and create one's own sentences. The variations were and are *infinite*! By using this incredibly simple technique, I could converse at a proficient level and speak Spanish. Within a week, I astonished my Spanish-speaking friends with my newfound ability. The next semester I registered at my university for a Spanish language course, and I applied the same principles I had learned in that class (grammar, additional vocabulary, future and past tense, etc.) to those three hundred and fifty words I already had memorized, and immediately I felt as if I had grown wings and learned how to fly.

At the end of the semester, we took a class trip to San José, Costa Rica. I was like a fish in water, while the rest of my classmates were floundering and still struggling to converse. Throughout the following months, I again applied the same principle to other languages—French, Portuguese, Italian, and Arabic, all of which I now speak proficiently, thanks to this very simple technique.

This method is by far the fastest way to master quick and easy conversational language skills. There is no other technique that compares to my concept. It is effective, it worked for me, and it will work for you. Be consistent with my program, and you too will succeed the way I and many, many others have.

CONTENTS

The Dutch Language 8
Memorization Made Easy 9
Reading and Pronunciation in the Dutch Language 10

Dutch – I 11
Introduction to the Program 12
The Program 14
Building Bridges 36
Other Useful Tools in the Dutch Language 41

Dutch – II 43
Introduction to the Program 44
Travel 46
Transportation 49
City 51
Entertainment 54
Foods 57
Vegetables 60
Fruits 62
Shopping 64
Family 67
Human Body 69
Health and Medical 71
Emergencies and Natural Disasters 74
Home 77

Dutch – III 82

Introduction to the Program 83
Office 85
School 88
Profession 91
Business 93
Sports 96
Outdoor Activities 98
Electrical Devices 100
Tools 102
Auto 103
Nature 105
Animals 108
Religion, Holidays, and Traditions 112
Wedding and Relationship 115
Politics 117
Military 121

Basic Grammar Requirements of the Dutch Language 124
Congratulations, Now You Are On Your Own 125
Note from the Author 127

The Dutch Language

Dutch is not only the national language of the Netherlands but is also a national language of Belgium, and Suriname and the Dutch Antilles in South America. In Belgium, it's the official language of Flanders, the Northern region of the country, and is also spoken in Brussels by a minority. In Suriname and the Dutch Antilles, Dutch is still an official language but alongside several other languages.

Worldwide, there are over 23 million native speakers of Dutch. It is a popular second language in Germany and the north of France, and it's a growing language in Eastern Europe.

Dutch and English are languages that come from the same old Germanic root and Dutch is the third most popular Germanic language after English and German. Dutch vocabulary is mostly Germanic and incorporates more loan words from Romance languages than German but fewer than English.

In both Belgium and the Netherlands, the native official name for Dutch is *Nederlands*, and its dialects have their own names, e.g. Hollands ("Hollandic"), West-Vlaams ("West Flemish"), and Brabants ("Brabantian").

The word Dutch was derived from the Old Germanic word *theudisk*, one of the first names ever used for the non-Romance languages of Western Europe. It literally means "the language of the common people," that is, the native Germanic language. The term was used in opposition to Latin, which was the non-native language of writing and of the Catholic Church.

Memorization Made Easy

There is no doubt the three hundred and fifty words in my program are the required essentials in order to engage in quick and easy basic conversation in any foreign language. However, some people may experience difficulty in the memorization. For this reason, I created Memorization Made Easy. This memorization technique will make this program so simple and fun that it's unbelievable! I have spread the words over the following twenty pages. Each page contains a vocabulary table of ten to fifteen words. Below every vocabulary box, sentences are composed from the words on the page that you have just studied. This aids greatly in memorization. Once you succeed in memorizing the first page, then proceed to the second page. Upon completion of the second page, go back to the first and review. Then proceed to the third page. After memorizing the third, go back to the first and second and repeat. And so on. As you continue, begin to combine words and create your own sentences in your head. Every time you proceed to the following page, you will notice words from the previous pages will be present in those simple sentences as well, because repetition is one of the most crucial aspects in learning any foreign language. Upon completion of your twenty pages, *congratulations,* you have absorbed the required words and gained a basic, quick-and-easy proficiency and you should now be able to create your own sentences and say anything you wish in the Dutch language. This is a crash course in conversational Dutch, and it works!

Reading and Pronunciation

Vowels can be pronounced long or short, depending on whether they are followed by no, one, or two consonants. Diphthongs existing of two of the same vowels are pronounced in the same way as if a single one would be followed by no or one consonant.

a (short) – "ah" as in father
a (long) and *aa* – "ah" as in father but longer
e (short) – "eh" as in men
e (long) and *ee* – as the "a" in maze
i – as the "i" in bit
o (short) – "oh" as in of
o (long) and *oo* – "oh" as in boat
u (short) – "uh" as in buzz

u (long) and *uu* – "ew," but pronouncing the "e" a bit longer and the "w" a bit shorter. This sound is not found in English.

Diphthongs

eu – This sound is not found in English, but is pronounced as 'eux' in the French word 'deux'

oe – "ooh" as in pool
ui – combination of *a* and *uu*
au/ou – as in house
ei/ij – as the "igh" in light and high

j – like the "y" in you

ch/g – a hard sound not found in English. It's a bit like the "J" in the Spanish name Juan. The best way to describe *ch* or *kh* is to say "ka" or "ha" while at the same time putting your tongue at the back of your throat and blowing air. It's pronounced similarly to the sound that you make while clearing your throat of phlegm.

*Please remember this whenever you come across any word containing a *ch* in this program.

Conversational Dutch Quick and Easy
The Most Innovative Technique to Learn the Dutch Language

Part I

YATIR NITZANY

Introduction to the Program

People often dream about learning a foreign language, but usually they never do it. Some feel that they just won't be able to do it while others believe that they don't have the time. Whatever your reason is, it's time to set that aside. With my new method, you will have enough time, and you will not fail. You will actually learn how to speak the fundamentals of the language—fluently in as little as a few days. Of course, you won't speak perfect Dutch at first, but you will certainly gain significant proficiency. For example, if you travel to a Dutch speaking country, you will almost effortlessly be able engage in basic conversational communication with the locals in the present tense and you will no longer be intimidated by culture shock. It's time to relax. Learning a language is a valuable skill that connects people of multiple cultures around the world—and you now have the tools to join them.

How does my method work? I have taken twenty-seven of the most commonly used languages in the world and distilled from them the three hundred and fifty most frequently used words in any language. This process took three years of observation and research, and during that time, I determined which words I felt were most important for this method of basic conversational communication. In that time, I chose these words in such a way that they were structurally interrelated and that, when combined, form sentences. Thus, once you succeed in memorizing these words, you will be able to combine these words and form your own sentences. The words are spread over twenty pages. In fact, there are just nine basic words that will effectively build bridges, enabling you to speak in an understandable manner (please see Building Bridges, page 36). The words will also combine easily in sentences, for example, enabling you to ask simple questions, make basic statements, and obtain a rudimentary understanding of others' communications. I have also created Memorization-Made-Easy Techniques (See page 9) for this program in order to help with the memorization of the vocabulary. Please see Reading and Pronunciation (Page 10) in order to gain proficiency in the reading and pronunciation of the Dutch language prior to starting this program.

My book is mainly intended for basic present tense vocal communication, meaning anyone can easily use it to "get by" linguistically while visiting a foreign country without learning the entire language. With practice, you will be 100 percent understandable to native speakers, which is your aim. One disclaimer: this is *not* a grammar book, though it does address minute and essential grammar rules (see Basic Grammatical Requirements of the Dutch Language, Page 10). Therefore, understanding complex sentences with obscure words in Dutch is beyond the scope of this book.

People who have tried this method have been successful, and by the time you finish this book, you will understand and be understood in basic conversational Dutch. This is the best basis to learn not only the Dutch language but any language. This is an entirely revolutionary, no-fail concept, and your ability to combine the pieces of the "language puzzle" together will come with *great* ease, especially if you use this program prior to beginning a Dutch class.

This is the best program that was ever designed to teach the reader how to become conversational. Other conversational programs will only teach you phrases. But this is the *only* program that will teach you how to create your *own* sentences for the purpose of becoming conversational.

The Program

I / I am - Ik / Ik ben
With you – Met jou / (**Plural**) met jullie
With him - Met hem / **with her** – met haar
With us – Met ons
For you – Voor jou / (**Plural**) voor jullie
Without him – Zonder hem
Without them – Zonder hen
This - Dit
Is - Is
Sometimes - Soms
Today - Vandaag
Are you / you are – Ben je, Zijn jullie
Better - Beter
You - Jij, je, jou / **You plural** - Jullie
He / he is - Hij / hij is
She / she is – Zij / zij is
From – Van / uit

Are you at the house?
Ben je thuis?
I am always with her.
Ik ben altijd met haar.
I am from the Netherlands.
Ik kom uit Nederland.
Are you from the Netherlands?
Kom je uit Nederland?
I am with you.
Ik ben met jou, (pl.) jullie.
Are you alone today?
Ben je alleen vandaag?
This is for you.
Dit is voor jou (Pl.) jullie.
Sometimes I go without him.
Soms ga ik zonder hem.

*"I am from …" can only be translated as "I come from…" The verb "to be" cannot be used in this sentence.

*In Dutch, in the event that a sentence begins with an adverb, the subject and verb change positions in the sentence.

Was - Was
I was – Ik was
To be - Zijn
The – De, het
Same – Zelfde, hetzelfde, dezelfde, gelijk
Good - Goed
Here - Hier
It's / it is – Het is
And - En
Between - Tussen
Now - Nu
Later / After - Later / Na
If - Als
Yes - Ja
Then - Dan
Tomorrow - Morgen
Okay – Oké
Also / too / as well - Ook

I was home at 5pm
Om 17.00 uur was ik thuis
Between now and tomorrow.
Tussen nu en morgen.
It's better to be home later.
Het is beter om later thuis te zijn.
If this is good, then I am happy.
Als dit goed is, ben ik blij.
Yes, you are very good
Ja, je bent erg goed
I was here with them
Ik was hier met hen
The same day
Dezelfde dag
You and I
Jij en ik

*In the Dutch language the masculine form of the article "the" is *de*, the feminine form is also *de*, and the neuter form is *het*. It's sometimes hard to decipher whether a noun is masculine or feminine in the Dutch language, so most people who study this language memorize the article as they go along.

Maybe - Misschien
You – Jij, je, jou
Even if – Zelfs als
Afterwards – Na, achteraf, nadien
Worse - Slechter
Where - Waar / **Somewhere** - Ergens
Everything - Alles
What - Wat
Almost - Bijna
There – Daar, er

Even if I go now
Zelfs als ik nu ga
Where is everything?
Waar is alles?
Maybe somewhere
Misschien ergens
What? I am almost there
Wat? Ik ben er bijna
Where are you?
Waar ben je?
This is for us.
Dit is voor ons.

*In the Dutch language, *daar* means "there," while *er* means "over there."
*In Dutch, "you" could either translate *je, jij, jou, u (formal)*
Je/jij is the nominative informal "you" (*u* is the formal), *je/jou* is the accusative "you" (formal: *u*), and je/*jou* is the dative "you" (formal: *u*).
Nominative simply means "you." "You are Dutch?" / *je/jij bent Nederlands?*
Accusative is the direct object: "I see you" / *ik zie je/jou* or "I love you" / *ik hou van je/jou.*
Dative is the indirect object in the sentence (from someone / to someone / for someone):
- "I must give you" / *ik moet je/jou geven*
- "I want to show you" / *ik wil je/jou laten zien*
Plural "you"
- Nominative: *jullie* / Accusative: *jullie* / Dative is *jullie*
The formal version of *u* is normally only used in formal organizations for people of a higher rank and in daily conversations for people who are older than you. E.g. some children will use the formal version for their grandparents; other children won't. But for strangers, the formal version is used.

House / home - Huis / thuis
In / at – In / bij
Car - Auto
Already - Al
Good morning - Goedemorgen
How are you? – Hoe gaat het met je/jou?
Where are you from? – Waar kom je vandaan?
Me - Me / mij
Hello - Hallo
What is your name? – Wat is je/jouw naam?
How old are you? – Hoe oud ben je/jij?
Son - Zoon / **Daughter -** Dochter
Your - (*form*) Uw / (*inf*) jouw
Very - Erg
Hard - Moeilijk
Still – Nog, nog steeds
So (*as in then*) – Dus

She doesn't have a car, so maybe she is still at the house?
Zij heeft geen auto, dus misschien is zij nog bij het huis?
I am already in the car with your son and daughter
Ik ben al in de auto met jouw zoon en dochter
Good morning, how are you today?
Goedemorgen, hoe gaat het met je vandaag?
Hello, what is your name?
Hallo, wat is je/jouw naam?
How old are you?
Hoe oud ben je/jij?
This is very hard, but it's not impossible
Dit is erg moeilijk, maar het is niet onmogelijk
Where are you from?
Waar kom je vandaan?

*"He is" is *hij is* / "she is" is *zij is*; however, in questions, the verb and subject change position; "she is?" *is zij?* / "he is?" *is hij?*

**Waar ... vandaan* means "from where." The word *van* has many meanings, one of which is "from," but it cannot be used like this (*van*) in this sentence. It is a fixed expression and you have to use *vandaan* in this case.

* *Zij heeft geen auto* = "She has no car." "She is without a car" cannot be mirror translated into Dutch.

Thank you – Dank je
Thanks - Bedankt
For - Voor
A - Een
This is – Dit is
Time - Tijd
But / however – Maar, echter
No / not - Nee / niet
I am not – Ik ben niet
Away - Weg
That - Dat
Similar - Vergelijkbaar
Other / Another – Ander / andere
Side - Kant
Until – Tot, totdat
Yesterday - Gisteren
Without us – Zonder ons
Since - Sinds
Day - Dag
Before – Voor, voordat
With - Met

Thank you Kenneth.
Dank je, Kenneth.
It's almost time
Het is bijna tijd
I am not here, I am far away
Ik ben niet hier, ik ben weg
That house is similar to ours.
Dat is een vergelijkbaar huis
I am from the other side
Ik ben van de andere kant
But I was here until late yesterday
Maar ik was hier tot laat gisteren
Since the other day
Sinds de andere dag

*This *isn't* a phrase book! The purpose of this book is *solely* to provide you with the tools to create *your own* sentences!

What time is it? – Wat is de tijd? / hoe laat is het?
I want – Ik wil
Without you – Zonder jou
I go / I am going – Ik ga
My - Mijn
Cousin - (**Male**) Neef, (**Female**) Nicht
I need / I must – Ik heb … nodig / Ik moet
Right now – Direct, nu
Night - Nacht
To see - Zien
Light - Licht
Outside - Buiten
That is – Dat is
To be - Zijn

I want to see this during the day
Ik wil dit tijdens de dag zien
I am happy without any of my cousins here
Ik ben blij zonder mijn (M)neven/(F)nichten hier
I need to be there at night
Ik moet daar 's nachts zijn
You need to be at home.
Je moet thuis zijn.
I see light outside
Ik zie licht buiten
What time is it right now?
Hoe laat is het nu? / Wat is de tijd nu?

*A very important rule in Dutch: whenever a conjugated verb is the first part of the sentence, it stays the same as its English counterpart. But in case the conjugated verb isn't the first part of the sentence, it will usually be placed at the end: "because I want this car" / *omdat ik deze auto wil*. Whenever a sentence contains two verbs, the second verb will usually appear at the end of the sentence (unlike in English in which the infinitive always follows the conjugated verb): "I want to see this in the day" / *Ik wil dit overdag zien*. There are exceptions, though. For example, the verb "to know" / *weten* isn't moved to the end of the sentence in this case: "I must know where is the house" / *Ik moet weten waar het huis is*.

*In Dutch, *'s* is a fixed expression: "At night" - *'s nachts* / "In the morning" - *'s morgens* / "In the afternoon" - *'s middags*

Place - Plaats
Easy - Makkelijk
To find – Vinden
To look for / to search – Zoeken
Near, close – Dichtbij / **Next to** - Naast
To wait – Wachten
To sell – Verkopen
To use – Gebruiken
To know – Weten
To decide – Beslissen
Between - Tussen
To – Te, naar
That (conjunction) – Dat

This place is easy to find
Deze plaats is makkelijk te vinden
I am saying to wait until tomorrow
Ik zeg te wachten tot morgen
It's easy to sell this table
Het is makkelijk om deze tafel te verkopen
I want to use this
Ik wil dit gebruiken
Where is the book?
Waar is het boek?
I need to decide between both places
Ik moet beslissen tussen beide plaatsen
I need to know that everything is ok
Ik moet weten dat alles oké is
Is it possible to look for this book in the library.
Kun je naar dit boek te zoeken in de bibliotheek?
Is this place near?
Is deze plek in de buurt?

*In Dutch, the article "this" preceding a noun is *dit, deze*. *Deze* is masculine nominative, feminine nominative is *deze*, and neutral nominative is *dit*.

*In Dutch, there are two forms for expressing "to," *naar* and *te*. *Naar* is "to" when talking about going to a specific place. E.g. "I am going to New York/the library/home." In combination with verbs, it is *te*.

*"I need" / *ik heb nodig* and "I must" / *Ik moet* is used interchangeably throughout this program when translating "I need."

Because - Omdat
To buy – Kopen
Both – Beide / allebei
Them / they / their - Hen / zij / hun
Each / Every - Elk, elke, ieder, iedere
Book - Boek
Mine - Mijn
To understand – Begrijpen
Problem / problems – Probleem / problemen
I do / I am doing – Ik doe
Of – Van, over
To look – Kijken
Myself - Mezelf
Enough - Genoeg
Food – Eten, voedsel / **Water** - Water
Hotel - Hotel

I like this hotel because it's near the beach
Dit hotel bevalt mij omdat het vlakbij het strand ligt.
I want to look at the view.
Ik wil naar het uitzicht kijken.
I want to buy a bottle of water
Ik wil een fles water kopen
Do it like this!
Doe het zo!
Both of them have enough food
Allebei hebben ze genoeg voedsel
That book is mine
Dat boek is van mij.
I have to understand the problem
Ik moet het problem begrijpen
I have a view of the city from the hotel.
Van het hotel heb ik uitzicht over de stad
I can work today
Ik kan vandaag werken
I do what I want.
Ik doe wat ik wil.

*The Dutch grammatical rule concerning moving the second and third verb(s) to the end applies in most sentences unless the sentence is broken in parts, separated either by a comma or an "and."

I like – Ik vind ... leuk
There is / There are – Daar is, Er is / Daar zijn, Er zijn
Family / Parents – Familie / Ouders
Why - Waarom
To say – Zeggen
Something - Iets
To go – Gaan
Ready - Klaas
Soon – Snel, bijna
To work – Werken
Who - Wie
Important – Belangrijk, belangrijks

I like to be at home with my parents
Ik vind het leuk thuis te zijn met mijn ouders
Why do I need to say something important?
Waarom moet ik iets belangrijks zeggen?
I am there with him
Ik ben daar met hem
I am busy, but I have to be ready soon
Ik ben druk, maar ik moet bijna klaar zijn
I like to work
Ik vind het leuk te werken
Who is there?
Wie is daar?
I want to know if they are here.
Ik wil weten of ze hier zijn.
I can go outside.
Ik kan naar buiten gaan.
There are seven dolls
Er zijn zeven poppen

*In Dutch, if three verbs exist in the same sentence (Verb A, B, and C), Verb A is placed at the beginning of the sentence (as its English counterpart), while Verbs B and C are placed at the end and are inverted. So the chronological order is A, C, B. Take a look at the second sentence of this page (keep in mind that "to know" / *weten* is an exception).

*There is no verb for "like," so you have to translate it as "I find nice." You always have to put the object you like in between *vind* and *leuk*.

How much - Hoeveel
To take – Nemen
With me – Met mij
Instead – In plaats van
Only - Alleen
When - Wanneer
I can / can I? – Ik kan / Kan ik?
Or - Of
Were - Waren
Without me – Zonder mij
Fast - Snel
Slow - Langzaam
Cold - Koud
Inside - Binnen
To eat – Eten
Hot - Heet
To Drive – Rijden
I say / I am saying - Ik zeg

How much money do I need to bring with me?
Hoeveel geld moet ik meenemen?
I like to eat bread instead of rice.
Ik eet graag brood in plaats van rijst.
Only when you can
Alleen wanneer jij kan
Go there without me.
Ga daar zonder mij heen.
I need to drive the car very fast or very slowly
Ik moet doe auto erg snel of erg langzaam rijden
It is cold in the library
Het is koud in de bibliotheek
I like to eat a hot meal for my lunch.
Ja, ik vind het leuk dit warm te eten voor mijn lunch
I am saying no / I say no
Ik zeg nee

*In Dutch, whenever asking a question, the pronoun follows the conjugated verb. As you can see in the first sentence: "how much money do I need to take?" / *Hoeveel geld moet ik meenemen?* The pronoun *ik* / "I" follows the conjugated verb *moet* / "I need."

To answer – Antwoorden
To fly – Vliegen
Today - Vandaag
To travel – Reizen
To learn – Leren
How - Hoe
To swim – Zwemmen
To practice – Oefenen
To play – Spelen
To leave – Verlaten
Many /much /a lot – Veel
I go to – Ik ga naar
First – Eerst / eerste
Time / Times – Tijd / Tijden

I need to answer many questions
Ik moet veel vragen beantwoorden
I want to fly today
Ik wil vandaag vliegen
I need to learn to swim
Ik moet leren zwemmen
I want to learn how to play better tennis.
Ik wil graag beter leren tennissen.
Everything is about the money.
Alles draait om geld.
I want to leave my dog at home.
Ik wil mijn hond thuis laten.
I want to travel the world.
Ik wil de wereld rondreizen.
Since the first time
Sinds de eerste tijd
The children are yours
De kinderen zijn van jou

*In Dutch, *uw* is the formal and *jouw* is the informal; however, "yours" is *jou*. *Dit zijn jouw kinderen* = "These are your children," however, *de kinderen zijn van jou* = "The children are yours."

*With the knowledge you've gained so far, now try to create your own sentences!

Nobody / anyone - Niemand, iedereen
Against - Tegen
Us - Ons
To visit – Bezoeken
Mom / Mother - Mama/ Moeder
To give – Geven
Which – Welk, welke
To meet – Ontmoeten
Someone - Iemand
Just - Net
To walk – Wandelen
Around - Rond
Towards - Tegen
Than - Dan
Nothing – Niets
I see / I am seeing – Ik zie
Everywhere /wherever – Overal / waar dan ook

I see this everywhere
Ik zie dit overal
Something is better than nothing
Iets is beter dan niets
I am against him
Ik ben tegen hem
We go to visit my family each week.
We gaan elke week mijn familie bezoeken
I need to give you something
Ik moet je iets geven
Do you want to meet someone?
Wil je iemand ontmoeten?
I am here on Wednesdays as well.
Ik ben hier ook op woensdagen
You do this every day?
Je doet dit elke dag?
You need to walk around the school.
Je moet om de school lopen.
Where is the airport?
Waar is het vliegveld?

I have – Ik heb
Don't - Niet
Friend - Vriend
To borrow – Lenen
To look like – Eruit zien als
Grandfather – Opa, grootvader
To want – Willen
To stay – Blijven
To continue – Verder gaan
Way - Weg
That's why - Daarom
To show – Laten zien
To prepare - Voorbereiden
I am not going – Ik ga niet

Do you want to look like Arnold?
Wil je eruit zien als Arnold?

I want to borrow this book for my grandfather
Ik wil dit boek lenen voor mijn opa

I want to drive and to continue on this way to my house
Ik wil rijden en verder gaan op deze weg naar mijn huis

I want to stay in Utrecht because I have a friend there.
Ik heb een vriend, dat is waarom ik in Utrecht wil blijven

I don't want to see anyone here
Ik wil hier niemand zien

I need to show you how to prepare breakfast
Ik moet/wil je laten zien hoe ontbijt te maken

Why don't you have the book?
Waarom heb je het boek niet?

That is incorrect, I don't need the car today
Dat klopt niet, ik heb de auto niet nodig vandaag

*In Dutch, you would say "to **make** breakfast" and not "to prepare breakfast."

To remember – Onthouden
Dutch - Nederlands
Number - Nummer
Hour - Uur
Dark / darkness – Donker / Duisternis
About – Over, ongeveer
Grandmother – Oma, grootmoeder
Five - Vijf
Minute / minutes – Minuut / minuten
More - Meer
To think - Denken
To do – Doen
To come – Komen
To hear – Horen
Last – Laatst, laatste

I need to remember your number
Ik moet je/jouw nummer onthouden

This is the last hour of darkness
Dit is het laatste uur duisternis

I want to come with you.
Ik wil met je meegaan.

I can hear my grandmother speaking Dutch.
Ik hoor mijn oma Nederlands praten.

I need to think about this more.
Ik moet hier meer over nadenken.

From here to there, it's only five minutes
Van hier naar daar is het maar vijf minuten

*In Dutch, "your" – (formal) *Uw* / (informal) *jouw* – it is grammatically correct to use both, although Dutch people will have a strong preference for one of them depending on the sentence. This is something that cannot be explained; it is chosen based on a feeling.

To leave - Weggaan
Again – Nog een keer, nogmaals
The Netherlands - Nederland
To bring - Brengen
To try – Proberen
To rent – Huren
Without her – Zonder haar
We are – We zijn
To turn off - Uitzetten
To ask – Vragen
To stop – Stoppen
Permission - Toestemming

He needs to leave and rent a house at the beach
Hij moet weggaan en een huis bij het strand huren

We are here for a long time
We zijn hier voor lange tijd

I need to turn off the lights early tonight
Ik moet het licht vroeg uitdoen vandaag

We want to stop here
We willen hier stoppen

We are from Rotterdam.
Wij komen uit Rotterdam.

Your doctor is in the same building.
Uw arts is in hetzelfde gebouw.

In order to leave you have to ask permission.
Je moet toestemming vragen om te vertrekken.

I want to go to sleep
Ik wil gaan slapen.

*In Dutch, Om is a part of fixed expressions.
- "Ask for permission" = *vragen om toestemming*
- "Permission to" = *toestemming om te*

To open – Openen
To buy – Kopen
To pay – Betalen
Last – Laatst, laatste
Without - Zonder
Sister - Zus
To hope – Hopen
To live – Wonen, leven
Nice to meet you – Leuk je te leren kennen
Name - Voornaam
Last name - Achternaam
To return - Terugkomen
Enough - Genoeg
Door - Deur

I need to open the door for my sister
Ik moet de deur openen voor mijn zus
I need to buy something
Ik moet iets kopen
I want to meet your brothers.
Ik wil je broers ontmoeten.
Nice to meet you, what is your name and your last name?
Leuk je te leren kennen, wat je is voornaam en je achternaam?
We can hope for a better future.
We kunnen hopen op een betere toekomst.
It is impossible to live without problems.
Het is onmogelijk om zonder problemen te leven.
I want to return to the United States.
Ik wil terug naar de Verenigde Staten.
Why are you sad right now?
Waarom ben je verdrietig nu?

*In Dutch, "your" is *jouw*, however, in the case on this page, *je* is not the subject of the sentence, but the possessive determiner. In this sentence, it is interchangeable with *jouw*.

*In Dutch, *op* is a fixed expression: "To hope for" = *Hopen op*.

*This *isn't* a phrase book! The purpose of this book is *solely* to provide you with the tools to create *your own* sentences!

To happen – Gebeuren
To order – Bestellen
To drink – Drinken
Excuse me – Excuseer mij
Child - Kind
Woman - Vrouw
To begin / to start - Beginnen
To finish – Eindigen
To help – Helpen
To smoke – Roken
To love – Houden van
To talk / to speak – Praten / spreken

This needs to happen today
Dit moet gebeuren vandaag
Excuse me, my child is here as well
Excuseer mij, mijn kind is hier ook
I want to order a soup.
Ik wil graag een soep bestellen.
We want to start the class soon.
We willen spoedig met de les beginnen.
In order to finish at three o'clock this afternoon, I need to finish soon
Om vanmiddag om drie uur klaar te zijn, moet ik het snel afronden.
I want to learn how to speak perfect Dutch.
Ik wil perfect Nederlands leren spreken.
I don't want to smoke again
Ik wil niet weer roken
I want to help
Ik wil helpen
I love you
Ik hou van je/jou
I see you
Ik zie je/jou
I need you
Ik heb je/jou nodig

*"I don't want" is *ik wil niet*.

To read – Lezen
To write – Schrijven
To teach – Leren, les geven
To close – Sluiten
To turn on - Aanzetten
To prefer - Verkiezen
To choose - Kiezen
To put - Neerleggen
Less - Minder
Sun - Zon
Month - Maand
I talk – Ik spreek
Exact – Precies, exact(e)

I need this book to learn how to read and write in Dutch.
Ik heb dit boek nodig om Nederlands te leren lezen en schrijven.

I want to teach English in Holland.
Ik wil Engels lesgeven in Nederland.

I want turn on the lights and close the door.
Ik wil de lichten aandoen en de deur sluiten.

I want to pay less than you.
Ik wil minder betalen dan jij.

I prefer to put this here.
Ik plaats dit liever hier.

I speak with the boy and the girl in Dutch.
Ik spreek met de jongen en het meisje in het Nederlands.

There is sun outside today.
Vandaag is er buiten zon.

Is it possible to know the exact date?
Is het mogelijk de exacte datum te weten?

*With the knowledge you've gained so far, now try to create your own sentences!

To exchange – Ruilen, wisselen
To call – Bellen
Brother - Broer
Dad - Vader
To sit – Zitten
Together - Samen
To change – Veranderen
Of course - Natuurlijk
Welcome - Welkom
During - Tijdens
Years - Jaren
Sky - Hemel
Up - Boven
Down - Onder
Sorry - Sorry
To follow – Volgen
Her – Haar
Big - Groot
New - Nieuw
Never – Nooit
His / hers – Zijn / haar

I am never able to exchange this money at the bank.
Ik wil dit geld nooit wisselen bij de bank.

I want to call my brother and my dad today.
Ik wil mijn broer en mijn vader bellen vandaag.

Of course I can come to the theater, and I want to sit together with you and with your sister.
Natuurlijk kan ik naar het theater komen en ik wil samen met jou en je zus zitten.

If you look under the table, you can see the new rug.
Als je onder de tafel kijkt, zie je het nieuwe vloerkleed.

I am sorry.
Het spijt me.

The dog wants to follow me to the store.
De hond wil mij volgen naar de winkel.

To allow - Toestaan
To believe – Geloven
Morning - Morgen
Except - Behalve
To promise – Beloven
Good night - Goedenacht
To recognize – Herkennen
People - Mensen
To move – Bewegen, verhuizen
To sleep – Slapen
Far - Ver
Different – Verschillend, anders
Man - Man
To enter – Binnen komen
To receive – Ontvangen
Throughout – Door en door
Tonight - Vannacht
Through - Door
Him / his – Hem / zijn

I need to allow him to go with us.
Ik moet hem toestaan met ons mee te gaan.
He is a different man now.
Hij is nu een andere man.
I believe everything except for this
Ik geloof alles behalve dit
Come here quickly.
Kom vlug hier.
I can't recognize him.
Ik herken hem niet.
I need to put your cat to another chair
Ik moet je kat op een andere stoel leggen
I see the sun in the morning from the kitchen
Ik zie de zon in de ochtend vanuit de keuken
I go into the house from the front entrance and not through the yard.
Ik ga het huis binnen via de voordeur in plaats van de tuin.
I must go to sleep
Ik moet gaan slapen

To wish – Wensen
Bad - Slecht
To get – Krijgen
To forget – Vergeten
Everybody / Everyone - Iedereen
Although - Hoewel
To feel – Voelen
Great - Groot
Next - Volgende
To like – Leuk vinden
In front - Voor
Person - Persoon
Behind - Achter
Well - Goed
Restaurant - Restaurant
Bathroom - Toilet
Goodbye – Tot ziens

I don't want to wish anything bad
Ik wil je niet iets slechts wensen
I must forget everybody from my past.
Ik moet iedereen uit mijn verleden vergeten.
To feel well I must take vitamins
Om me goed te voelen, moet ik vitamines slikken.
I am close to the person behind you
Ik ben dichtbij de persoon achter jou
There is a great person in front of me
Er is een groot persoon voor mij
Goodbye my friend.
Vaarwel mijn vriend.
Which is the best restaurant in the area?
Wat is het beste restaurant in de buurt?
I can feel the heat.
Ik voel de warmte.
I need to repair a part of the cabinet in the bathroom.
Ik moet een deel van de badkamerkast repareren.
I want to buy car before the next year
Ik wil een auto voor het volgende jaar
I like the house, however it is very small
Ik wil dit huis leuk vinden, echter het is erg klein

To remove – Verwijderen
Please - Alsjeblieft
Beautiful - Mooi
To lift - Optillen
Include / Including - Inclusief
Belong – Behoren tot, horen
To hold – Houden
To check - Nakijken
Small - Klein
Real - Echt
Week - Week
Size – Maat, grootte
Even though - Hoewel
Doesn't - Niet
Price - Prijs

She wants to remove this door, please
Zij wil deze deur verwijderen, alsjeblieft
This doesn't belong here, I need to check again
Dit hoort hier niet, ik moet het opnieuw nakijken
This week the weather was very beautiful
Deze week was het weer erg mooi
Is that a real diamond?
Is dat een echte diamant?
We need to check the size of the house
We moeten de grootte van het huis nakijken
I want to lift this.
Ik wil dit optillen.
Can you please put the wood in the fire?
Kun je alsjeblieft het hout in het vuur gooien?
The sun is high in the sky.
De zon staat hoog aan de hemel.
Can you please hold my hand?
Kun je alsjeblieft mijn hand vasthouden?
I can pay this although the price is expensive
Ik kan dit betalen hoewel de prijs duur is
Including everything is this price correct?
Inclusief alles is deze prijs correct?

*In the sentence, "This week the weather was very beautiful" / *Deze week was het weer erg mooi*, "was"/*was* is the verb.

Building Bridges

In Building Bridges, we take six conjugated verbs that have been selected after studies I have conducted for several months in order to determine which verbs are most commonly conjugated, and which are then automatically followed by an infinitive verb. For example, once you know how to say, "I need," "I want," "I can," and "I like," you will be able to connect words and say almost anything you want more correctly and understandably. The following three pages contain these six conjugated verbs in first, second, third, fourth, and fifth person, as well as some sample sentences. Please master the entire program up until *here* prior to venturing onto this section.

I want – Ik wil
I need – Ik moet, Ik heb … nodig
I can – Ik kan
I like – Ik vind … leuk
I go – Ik ga
I have – Ik heb
I must – Ik moet

I want to go to my apartment
Ik wil naar mijn appartement gaan

I can go with you to the bus station
Ik kan met jou naar het busstation gaan

I need to walk outside the museum.
Ik moet buiten het museum lopen.

I like to eat oranges.
Ik eet graag sinaasappels.

I am going to teach a class
Ik ga een klas les geven

I have to speak to my teacher
Ik moet met mijn leraar spreken

Please master *every* single page up until here prior to attempting the following two pages!

You want / do you want?
Je wil / wil je?
He wants / does he want?
Hij wil / wil hij?
She wants / does she want?
Zij wil / wil zij?
We want / do we want?
We willen / willen we?
They want / do they want?
Zij willen / willen zij?
(Plural) You want/ do you want?
Jullie willen / willen jullie?

You need / do you need?
Je hebt nodig / heb je nodig?
He needs / does he need?
Hij heeft nodig / heeft hij nodig?
She needs / does she need?
Zij heeft nodig / Heeft zij nodig?
We want / do we want?
We willen / willen we?
They need / do they need?
Zij hebben nodig / Hebben zij nodig?
(Plural) You need / do you need?
Jullie hebben nodig / hebben jullie nodig?

You can / can you?
Je kan / Kan je?
He can / can he?
Hij kan / kan hij?
She can / can she?
Zij kan / kan zij?
We can / can we?
We kunnen / kunnen we?
They can / can they?
Zij kunnen / kunnen zij?
(Plural) You can / can you?
Jullie kunnen / kunnen jullie?

You like / do you like?
Je vindt leuk / vind je leuk?
He likes / does he like?
Hij vindt leuk / vindt hij leuk?
She like / does she like?
Zij vindt leuk / vindt zij leuk?
We like / do we like?
We vinden leuk / vinden we leuk?
They like / do they like?
Zij vinden leuk / vinden zij leuk?
(Plural) You like / do you like?
Jullie vinden leuk / vinden jullie leuk?

You go / do you go?
Je gaat / ga je?
He goes / does he go?
Hij gaat / gaat hij?
She goes / does she go?
Zij gaat / gaat zij?
We go / do we go?
We gaan / gaan we?
They go / do they go?
Zij gaan / gaan zij?
(Plural) You go / do you go?
Jullie gaan / gaan jullie?

You have / do you have?
Je hebt / heb je?
He has / does he have?
Hij heeft / heeft hij?
She has / does she have?
Zij heeft / heeft zij?
We have / do we have?
We hebben / hebben we?
They have / do they have?
Zij hebben / hebben zij?
(Plural) You have / do you have?
Jullie hebben / hebben jullie?

Do you want to go?
Wil je gaan?

Does he want to fly?
Wil hij vliegen?

We want to swim
We willen zwemmen

Do they want to run?
Willen zij rennen?

Do you need to clean?
Moet je schoonmaken?
Moeten jullie schoonmaken?

She needs to sing a song
Zij moet een liedje zingen

We need to travel
We moeten reizen

You (plural) need to save your money.
Jullie moeten je geld sparen.

You (plural) need to see the film
Jullie moeten de film zien

Can you hear me?
Kan je me horen?

He can dance very well
Hij kan erg goed dansen

We can go out tonight
We kunnen vanavond uitgaan

The fireman can break the door during an emergency.
In een noodgeval kan de brandweerman de deur openbreken.

Do you like to eat here?
Vind je het leuk om hier te eten?

He likes to spend time here
Hij vindt het leuk om hier tijd door te brengen

We like to fix the house
We vinden het leuk om het huis te repareren

They like to cook
Zij vinden het leuk om te koken

You (plural) like to play soccer.
Jullie voetballen graag.

Do you go to the movies on weekends?
Ga je in het weekend naar de film?

He goes fishing
Hij gaat vissen

We are going to relax
Wij gaan uitrusten

They go out to eat at a restaurant every day.
Zij gaan dagelijks uit eten in een restaurant.

Do you have money?
Heb je geld?

She must look outside
Zij moet naar buiten kijken

We have to sign our names
We moeten onze namen tekenen

They have to send the letter
Zij moeten de brief sturen

You (plural) have to stand in line.
Jullie moeten in de rij aansluiten.

Days of the Week
Sunday - Zondag
Monday - Maandag
Tuesday - Dinsdag
Wednesday - Woensdag
Thursday - Donderdag
Friday - Vrijdag
Saturday - Zaterdag

Seasons
Spring – Lente, voorjaar / **Summer** - Zomer
Autumn - Herfst / **Winter** - Winter

Colors
Black - Zwart
White - Wit
Gray - Grijs
Red - Rood
Blue - Blauw
Yellow - Geel
Green - Groen
Orange - Oranje
Purple - Paars
Brown - Bruin

Numbers
One - Één
Two - Twee
Three - Drie
Four - Vier
Five - Vijf
Six - Zes
Seven - Zeven
Eight - Acht
Nine - Negen
Ten – Tien

*"One" - *Één* - usually no accent on the capital, but when used in lower case, two accents: *één*.

Cardinal Directions
North Noord / **South** - Zuid
East - Oost / **West** – West

Conclusion

Congratulations! You have completed all the tools needed to master the Dutch language, and I hope that this has been a valuable learning experience. Now you have sufficient communication skills to be confident enough to embark on a visit to a Dutch-speaking county, impress your friends, and boost your resume so *good luck*.

This program is available in other languages as well, and it is my fervent hope that my language learning programs will be used for good, enabling people from all corners of the globe and from all cultures and religions to be able to communicate harmoniously. After memorizing the required three hundred and fifty words, please perform a daily five-minute exercise by creating sentences in your head using these words. This simple exercise will help you grasp conversational communications even more effectively. Also, once you memorize the vocabulary on each page, follow it by using a notecard to cover the words you have just memorized and test yourself and follow *that* by going back and using this same notecard technique on the pages you studied during the previous days. This repetition technique will assist you in mastering these words in order to provide you with the tools to create your own sentences.

Every day, use this notecard technique on the words that you have just studied.

Everything in life has a catch. The catch here is just consistency. If you just open the book, and after the first few pages of studying the program, you put it down, then you will not gain anything. However, if you consistently dedicate a half hour daily to studying, as well as reviewing what you have learned from previous days, then you will quickly realize why this method is the most effective technique ever created to become conversational in a foreign language. My technique works! For anyone who doubts this technique, all I can say is that it has worked for me and hundreds of others.

Conversational Dutch Quick and Easy
The Most Innovative Technique to Learn the Dutch Language

Part II

YATIR NITZANY

Introduction to the Program

In the first book, you were taught the 350 most useful words in the Dutch language, which, once memorized, could be combined in order for you to create your own sentences. Now, with the knowledge you have gained, you can use those words in Conversational Dutch Quick and Easy Part 2 and Part 3, in order to supplement the 350 words that you've already memorized. This combination of words and sentences will help you master the language to even greater proficiency and quicker than with other courses.

The books that comprise Parts 2 and 3 have progressed from just vocabulary and are now split into various categories that are useful in our everyday lives. These categories range from travel to food to school and work, and other similarly broad subjects. In contrast to various other methods, the topics that are covered also contain parts of vocabulary that are not often broached, such as the military, politics, and religion. With these more unusual topics for learning conversational languages, the student can learn quicker and easier. This method is flawless and it has proven itself time and time again.

If you decide to travel to the Netherlands, then this book will help you speak the Dutch language.

This method has worked for me and thousands of others. It surpasses any other language-learning method system currently on the market today.

This book, Part 2, specifically deals with practical aspects concerning travel, camping, transportation, city living, entertainment such as films, food including vegetables and fruit, shopping, family including grandparents, in-laws, and stepchildren, human anatomy, health, emergencies, and natural disasters, and home situations.

The sentences within each category can help you get by in other countries.

In relation to travel, for example, you are given sentences about food, airport necessities such as immigration, and passports. Helpful phrases include, "Where is the immigration and passport control inside the airport?" and "I want to order a bowl of cereal and toast with jelly." For flights there are informative combinations such as, "There is a long line of passengers in the terminal because of the delay on the runway." When arriving in another country options for what to say include, "We want to hire a driver for the tour. However, we want to pay with a credit card instead of cash" and, "On which street is the car-rental agency?

When discussing entertainment in another country and in a new language, you are provided with sentences and vocabulary that will help you interact with others. You can discuss art galleries and watching foreign films. For example, you may need to say to friends, "I need subtitles if I watch a foreign film" and, 'The mystery-suspense genre films are usually good movies'. You can talk about your own filming experience in front of the camera.

The selection of topics in this book is much wider than in ordinary courses. By including social issue such as incarceration, it will help you to engage with more people who speak the language you are learning.

Part 3 will deal with vocabulary and sentences relevant to indoor matters such as school and the office, but also a variety of professions and sports.

TRAVEL - REIZEN

Flight - Vlucht
Airplane - Vliegtuig
Airport – Luchthaven
Terminal - Terminal
Passport - Paspoort**/ Customs -** Douane
Take off (airplane) – Opstijgen**/ Landing -** Landen
Departure - Vertrek**/ Arrival –** Aankomst
Gate - Gate
Luggage - Bagage**/ Suitcase -** Koffer **/ Baggage claim -** Bagageclaim
Passenger – Passagier
Final Destination – Eindbestemming
Boarding - Instappen
Runway - Landingsbaan
Line - Lijn
Delay - Vertraging
Wing - Vleugel

I enjoy traveling.
Ik hou van reizen.
This is a very expensive flight.
Dit is een hele dure vlucht.
The airplane takes off in the morning and lands at night.
Het vliegtuig vertrekt 's morgens en landt 's avonds.
My suitcase is at the baggage claim.
Mijn koffer is bij de bagageclaim.
We need to go to the departure gate instead of the arrival gate.
We moeten naar de vertrekgate in plaats van de aankomstgate.
There is a long line of passengers in the terminal because of the delay on the runway.
Er staat een lange rij passagiers in de terminal vanwege de vertraging op de landingsbaan.
What is your final destination?
Wat is je eindbestemming?
I don't like to sit above the wing of the airplane.
Ik zit niet graag boven de vleugel van het vliegtuig.
The flight takes off at 3pm, but the boarding commences at 2:20pm.
De vlucht vertrekt om 15.00 uur, maar het instappen begint om 14.20 uur.
Where is the passport control inside the airport?
Waar is de paspoortcontrole op de luchthaven?
I am almost finished at customs.
Ik ben bijna klaar bij de douane.

International flight – Internationale vlucht
Domestic flight – Binnenlandse vlucht / **Business class** – Business Class
First class – First Class / **Economy class** – Economy-Class
Round trip - Retourvlucht/ **Direct flight** - Rechtstreekse vlucht
One-way flight - Enkele reis / **Return flight** - Retourvlucht
Flight attendant - Stewardess/Steward
Layover / connection - Tussenstop / aansluiting
Reservation - Reservering
Security check – Veiligheidscontrole
Checked bags - Ruimbagage/ **Carry on bag** - Handbagage
Business trip - Zakenreis
Check in counter – Check-in balie
Travel agency - Reisbureau
Visa - Visum
Temporary visa – Tijdelijk visum
Permanent visa – Permanent visum
Country – Land

The flight attendant told me to go to the check in counter.
De stewardess zei dat ik naar de incheckbalie moest gaan.
For international flights, you must be at the airport at least three hours before the flight.
Voor internationale vluchten moet u minimaal drie uur voor de vlucht op de luchthaven zijn.
For a domestic flight, I need to arrive at the airport at least two hours before the flight.
Voor een binnenlandse vlucht moet ik minimaal twee uur voor de vlucht op de luchthaven zijn.
Business class is usually cheaper than first class.
Business class is meestal goedkoper dan first class.
A one-way ticket is cheaper than the round-trip ticket at the travel agency.
Bij het reisbureau is een enkele reis goedkoper dan een retourticket.
I prefer a direct flight without a layover.
Ik geef de voorkeur aan een rechtstreekse vlucht zonder tussenstop.
I must reserve my return flight.
Ik moet mijn terugvlucht reserveren.
Why do I need to remove my shoes at the security check?
Waarom moet ik mijn schoenen uitdoen bij de veiligheidscontrole?
I have three checked bags and one carry-on.
Ik heb drie ingecheckte koffers en één stuk handbagage.
I have to ask my travel agent if this country requires a visa.
Ik moet aan mijn reisagent vragen of dit land een visum vereist.

Trip – Reis
Tourist - Toerist / **Tourism** - Toerisme
Holiday - Vakantie / **Vacations** - Vakanties
Currency exchange - Wisselkantoor
Port of entry - Haven van binnenkomst
Car rental agency - Autoverhuurbedrijf
Identification - Identificatie
Road - Weg / **Map** - Kaart
Information center - Informatiecentrum
Bank - Bank
Hotel – Hotel / **Motel** - Motel / **Hostel** - Hostel
Leisure - Vrije tijd
Driver – Chauffeur
Credit - Krediet / **Cash** - Contant
A guide - Een gids / **Tour** - Tour
Ski resort - Skigebied

I had an amazing trip.
Ik heb een geweldige reis gehad.
The currency exchange counter is past the port of entry.
De wisselbalie bevindt zich voorbij de haven van binnenkomst.
There is a lot of tourism during the holidays and vacations.
Tijdens de feestdagen en vakanties is er veel toerisme.
Where is the car-rental agency?
Waar zit het autoverhuurbedrijf?
You need to show your identification.
U dient uw legitimatie te tonen.
It's more convenient to use the GPS on the roads instead of a map.
Op wegen is het handiger om de GPS te gebruiken in plaats van een kaart.
Why is the information center closed today?
Waarom is het informatiecentrum gesloten vandaag?
When I am in a foreign country, I go to the bank before I go to the hotel.
Als ik in het buitenland ben, ga ik eerst naar de bank en dan pas naar het hotel.
I need to book my leisure vacation at the ski resort today.
Ik moet vandaag mijn vakantie in het skigebied boeken.
We want to hire a driver for the tour.
We willen een chauffeur huren voor de tour.
We want to pay with a credit card instead of cash.
We willen met creditcard betalen in plaats van met contant geld.
Does the tour include an English-speaking guide?
Is de tour inclusief een Engelssprekende gids?

TRANSPORTATION - VERVOER

Car - Auto
Bus - Bus
Train - Trein / **Train station** - Treinstation
Train tracks - Treinrails / **Train cart** - Treinwagon
Taxi - Taxi
Subway - Metro
Motorcycle - Motorfiets / **Scooter** - Scooter
Station - Station
Helicopter - Helikopter
School bus – Schoolbus
Limousine - Limousine
Driver license - Rijbewijs
Vehicle registration - Voertuigregistratie
License plate - Kentekenplaat
Ticket - Ticket / **Ticket** (penalty) - Bekeuring

Where is the public transportation?
Waar is het openbaar vervoer?
Where can I buy a bus ticket?
Waar kan ik een buskaartje kopen?
Please call a taxi.
Bel alsjeblieft een taxi.
In some cities, you don't need a car because you can rely on the subway.
In sommige steden heb je geen auto nodig, aangezien je de metro kunt pakken.
Where is the train station?
Waar is het treinstation?
The train cart is still stuck on the tracks.
De treinwagon staat nog steeds vast op de rails.
The motorcycles make loud noises.
De motoren maken harde geluiden.
Where can I rent a scooter?
Waar kan ik een scooter huren?
I want to plan a helicopter tour.
Ik wil een tour met een helikopter plannen.
I want to go to the party in a limousine.
Ik wil naar het feest in een limousine.
Don't forget to bring your driver's license and registration.
Vergeet niet uw rijbewijs en kentekenbewijs mee te nemen.
The cop gave me a ticket because my license plate has expired.
De agent gaf me een bekeuring omdat mijn kenteken is verlopen.

Truck – Vrachtwagen/ **Pickup truck -** Pick-up
Bicycle – Fiets
Van - Bestelwagen
Gas station – Tankstation
Gasoline - Benzine
Tire - Band
Oil change – Olie verversen
Tire change – Bandenwissel
Mechanic – Monteur
Canoe - Kano
Ship - Schip/ **Boat –** Boot
Yacht - Jacht
Sailboat - Zeilboot
Motorboat - Motorboot
Marina - Jachthaven/ **The dock -** Het dok
Cruise - Cruise/ **Cruise ship -** Cruiseschip
Ferry - Veerboot
Submarine - Onderzeeër

I can put my bicycle in my truck.
Ik kan mijn fiets in mijn vrachtwagen plaatsen.
Where is the gas station?
Waar is het tankstation?
I need gasoline and also to put air in my tires.
Ik heb benzine nodig en moet ook mijn banden oppompen.
I need to take my car to the mechanic for a tire and oil change.
Ik moet mijn auto naar de monteur brengen voor een banden- en oliewissel.
I can put my canoe in the van.
Ik kan mijn kano in het busje plaatsen.
Can I bring my yacht to the boat show at the marina?
Mag ik mijn jacht meenemen naar de botenhow in de jachthaven?
I prefer a motorboat instead of a sailboat.
Ik heb liever een motorboot dan een zeilboot.
I want to leave my boat at the dock on the island.
Ik wil mijn boot achterlaten bij de aanlegsteiger op het eiland.
This spot is a popular stopping point for the cruise ship.
Deze plek is een populaire stopplaats voor het cruiseschip.
This was an excellent cruise.
Dit was een uitstekende cruise.
Do you have the schedule for the ferry?
Heb je de dienstregeling van de veerboot?
The submarine is yellow.
De onderzeeër is geel.

CITY - STAD

Town - Stad/ **Village** - Dorp
House / home – Huis / thuis
Apartment - Appartement
Building - Gebouw
Skyscraper – Wolkenkrabber / **Tower** - Toren
Neighborhood – Buurt
Office building – Kantoorgebouw
Post office – Postkantoor
Location - Locatie
Elevator – Lift/ **Stairs** - Trap
Fence - Hek
Construction site – Bouwplaats
Bridge - Brug
Gate - Poort
City hall – Stadhuis/ **Mayor** - Burgemeester
Fire department – Brandweer

Is this a city or a village?
Is dit een stad of een dorp?
Does he live in a house or an apartment?
Woont hij in een huis of een appartement?
This residential building does not have an elevator, just stairs.
Dit residentieel gebouw heeft geen lift, alleen trappen.
These skyscrapers are located in the center city.
Deze wolkenkrabbers bevinden zich in het centrum van de stad.
The tower is tall but the building beside it is very short.
De toren is hoog, maar het gebouw ernaast is erg laag.
This is a beautiful neighborhood.
Dit is een prachtige buurt.
There is a fence around the construction site.
Rondom de bouwplaats staat een hek.
The post office is located in that office building.
In dat kantoorgebouw is het postkantoor gevestigd.
The bridge is closed today.
Vandaag is de brug gesloten.
The gate is open.
De poort staat open.
The fire department is located in the building next to city hall.
De brandweer is gevestigd in het gebouw naast het stadhuis.
The mayor of Amsterdam is very well known.
De burgemeester van Amsterdam is zeer bekend.

Street - Straat/ **Main street** - Hoofdstraat
To park - Parkeren/ **Parking lot** - Parkeerplaats
Sidewalk - Stoep
Traffic - Verkeer / **Traffic light** - Verkeerslicht
Red light – Rood licht/ **Yellow light** - Geel licht/ **Green light** – Groen licht
Lane - Rijstrook / **Toll lane** - Tolstrook
Fast lane – Snelle rijstrook/ **Slow lane** – Langzame rijstrook
Right lane – Rechterrijstrook/ **Left lane** – Linker rijstrook
Highway – Snelweg/ **Intersection** - Kruispunt/ **Tunnel** – Tunnel
U-turn - U-bocht/ **Shortcut** - Afsnijroute/ **Bypass** - Omleiding
Stop sign - Stopbord/ **Pedestrians** - Voetgangers/ **Crosswalk** - Zebrapad

The parking is on the main street and not on the sidewalk.
Er wordt geparkeerd op de hoofdstraat en niet op de stoep.
Where is the parking lot?
Waar is de parkeerplaats?
The traffic is very bad today.
Het is erg druk op de weg vandaag.
You must avoid the fast lane because it's a toll lane.
Je moet de snelle rijstrook vermijden, want dat is een tolstrook.
We don't like to drive on the highway.
Wij rijden niet graag op de snelweg.
At a red light you need to stop, at a yellow light you must be prepared to stop and at a green you can drive.
Bij een rood licht moet je stoppen, bij een geel licht moet je bereid zijn te stoppen en bij een groen licht mag je doorrijden.
This road has too many traffic lights.
Deze weg heeft te veel stoplichten.
At the intersection, we need to stay in the left lane instead of the right lane because that's a bus lane.
Bij de kruising moeten we op de linkerbaan blijven in plaats van op de rechterbaan, want dat is een busbaan.
The tunnel seems longer than yesterday.
De tunnel lijkt langer dan gisteren.
It's a short drive.
Het is een korte rit.
The next bus stop is far away from here.
De volgende bushalte is hier ver vandaan.
You need to turn right at the stop sign and then continue on straight.
U dient bij het stopbord rechtsaf te slaan en vervolgens rechtdoor te rijden.
The pedestrians use the crosswalk to cross the road.
De voetgangers gebruiken het zebrapad om over te steken.

Capital – Hoofdstad
Resort - Resort
Port - Haven
Road - Weg/ **Trail, path** – Pad
Bus station - Busstation/ **Bus stop** – Bushalte
Night club – Nachtclub
Downtown – Binnenstad
District - Wijk / **County** - Provincie
Statue - Standbeeld/ **Monument** - Monument
Castle – Kasteel
Church - Kerk/ **Cathedral** - Kathedraal
Synagogue - Synagoge/ **Mosque** - Moskee
Science museum – Wetenschapsmuseum/ **Zoo** – Dierentuin
Playground – Speeltuin / **Swimming pool** – Zwembad
Jail – Gevangenis/ **Prison** - Gevangenis

The capital is a major attraction point for tourists.
De hoofdstad is een belangrijk aantrekkingspunt voor toeristen.
The resort is next to the port.
Het resort ligt naast de haven.
The night club is located in the downtown area.
De nachtclub bevindt zich in de binnenstad.
In which district do you live in?
In welke wijk woont u?
This statue is a city monument.
Dit standbeeld is een stadsmonument.
This is an ancient castle.
Dit is een oud kasteel.
Where is the local church?
Waar is de plaatselijke kerk?
That is a beautiful cathedral.
Dat is een prachtige kathedraal.
Do you want to go to the zoo or the science museum?
Wil je naar de dierentuin of naar het wetenschapsmuseum?
The children are in the playground.
De kinderen zijn in de speeltuin.
The swimming pool is closed for the community today.
Het zwembad is vandaag gesloten voor de gemeenschap.
You need to follow the trail alongside the main street to reach the bus station.
Je moet het pad langs de hoofdstraat volgen om bij het busstation te komen.
There is a jail in this county, but not a prison.
Er is een gevangenis in deze provincie, maar geen gevangenis.

ENTERTAINMENT - AMUSEMENT

Film / movie - Film
Theater (movie theater) - Theater
Actor - Acteur / **Actress** - Actrice
Genre – Genre
Subtitles – Ondertiteling
Action film - Actiefilm
Foreign film - Buitenlandse film
Mystery film – Mysteriefilm / **Suspense film** – Suspense-film
Documentary film - Documentaire / **Biography** - Biografie
Drama film - Dramafilm
Comedy film - Komediefilm
Romance film - Romantiekfilm
Horror film - Horrorfilm
Animation film - Animatiefilm / **Cartoon** – Tekenfilm
Director – Regisseur / **Producer** - Producent
Audience – Publiek

There are three new movies at the theater that I want to see.
Er zijn drie nieuwe films in de bioscoop die ik wil zien.
He is a really good actor.
Hij is echt een goede acteur.
She is an excellent actress
Zij is een uitstekende actrice.
That was a good action movie
Dat was een goede actiefilm.
We need subtitles if we watch a foreign film.
Als we naar een buitenlandse film kijken, hebben we ondertiteling nodig.
Mystery or suspense films are usually good movies.
Mysterie- of suspensefilms zijn meestal goede films.
I like documentary films. However, comedy-drama or romance films are better.
Ik hou van documentaires, maar komedie-drama- of romantische films zijn nog beter.
Sometimes biographies are boring to watch.
Soms zijn biografieën saai om naar te kijken.
I like to watch horror movies.
Ik kijk graag horrorfilms.
It's fun to watch animated movies.
Het is leuk om animatiefilms te kijken.
The director and the producer can meet the audience today.
De regisseur en de producent kunnen vandaag het publiek ontmoeten.

Television - Televisie
A show (as in television) - Een televisieshow
A show (as in live performance) - Een liveshow
Channel – Kanaal
Series (in television) - Serie
Commercial - Reclame
Episode - Aflevering
Anchorman - Presentator
Anchorwoman - Presentatrice
News - Nieuws
News station – Nieuwszender
Screening - Screening
Live broadcast - Live uitzending
Broadcast - Uitzending
Headline - Krantenkop
Viewer – Kijker
Speech – Toespraak / **Script** - Script
Screen - Scherm
Camera - Camera

It's time to buy a new television.
Het is tijd om een nieuwe televisie te kopen.
This was the first episode of this television show yet it was a long series.
Dit was de eerste aflevering van deze tv-show, maar het was een lange serie.
There aren't any commercials on this channel.
Er is geen reclame op dit kanaal.
This anchorman and anchorwoman work for our local news station.
Deze presentator en presentatrice werken voor ons lokale nieuwszender.
They decided to screen a live broadcast on the news.
Zij besloten een live-uitzending op het nieuws te vertonen.
The news station featured the headlines before the program began.
De nieuwszender nam de krantenkoppen door voordat het programma begon.
Tonight, all the details about the incident were mentioned on the news.
Vanavond kwamen alle details over het incident op het nieuws.
The viewers wanted to hear the presidential speech today.
De kijkers wilden vandaag de presidentiële toespraak horen.
I must read my script in front of the screen and the camera
Ik moet mijn script lezen voor het scherm en de camera.
We want to enjoy the entertainment this evening.
We willen vanavond genieten van het entertainment.

Theater (play) – Voorstelling
A musical - Een musical
A play - Een toneelstuk
Stage – Podium/ **Audition** - Auditie
Performance – Optreden
Box office - Balie
Ticket – Kaartje
Singer – (m) zanger, (f) zangeres/ **Band** – Band
Orchestra - Orkest **/ Opera** - Opera
Music - Muziek
Song - Lied
Musical instrument – Muziekinstrument
Drum - Trommel
Guitar - Gitaar
Piano - Piano
Trumpet – Trompet
Violin – Viool
Flute - Fluit
Art - Kunst
Gallery - Gallerij **/ Studio** - Studio
Museum – Museum

It was a great musical performance.
Het was een geweldig muzikaal optreden.
Can I perform for the play on this stage?
Mag ik op dit podium optreden voor het stuk?
She is the lead singer of the band.
Zij is de leadzangeres van de band.
I will go to the box office tomorrow to purchase tickets for the opera.
Ik ga morgen naar de balie om kaartjes voor de opera te kopen.
The orchestra needs to perform below the stage.
Het orkest moet lager dan het podium optreden.
I like to listen to this type of music. I hope to hear a good song.
Ik luister graag naar dit soort muziek. Ik hoop een goed nummer te horen.
The common musical instruments that are used in a concert are drums, guitars, pianos, trumpets, violins, and flutes.
De gebruikelijke muziekinstrumenten tijdens een concert zijn drums, gitaren, piano's, trompetten, violen en fluiten.
The art gallery has a studio for rent.
De kunstgalerie heeft een studio te huur.
I went to an art museum yesterday.
Ik ben gisteren naar een kunstmuseum geweest.

FOOD - ETEN

Grocery store - Supermarkt/ **Market** - Markt/ **Supermarket** - Supermarkt
Groceries - Boodschappen
Butcher shop - Slagerij/ **Butcher** - Slager
Bakery - Bakkerij/ **Baker** - Bakker
Breakfast – Ontbijt/ **Lunch** – Lunch / **Dinner** – Avondeten
Meat - Vlees/ **Chicken** - Kip
Seafood – Zeevruchten
Egg – Ei / (plural) eieren
Milk - Melk/ **Butter** – Boter/ **Cheese** - Kaas
Bread - Brood
Flour - Meel
Oil - Olie
Baked - Gebakken
Cake - Taart
Beer - Bier / **Wine** – Wijn
Cinnamon - Kaneel
Powder - Poeder
Mustard - Mosterd

Where is the nearest grocery store?
Waar is de dichtstbijzijnde supermarkt?
Where can I buy meat and chicken?
Waar kan ik vlees en kip kopen?
We need to buy flour, eggs, milk, butter, and oil to bake my cake.
Om mijn cake te bakken, moeten we meel, eieren, melk, boter en olie kopen.
The groceries are already in the car.
De boodschappen liggen al in de auto.
We drink beer or wine during the meal.
Tijdens de maaltijd drinken we bier of wijn.
The rolls are covered with cinnamon.
De broodjes zijn bestrooid met kaneel.
The butcher shop is near the bakery.
De slagerij is vlakbij de bakkerij.
I have to go to the market, to buy a half kilo of meat.
Ik moet naar de markt om een halve kilo vlees te kopen.
For lunch, we can eat seafood, and pasta for dinner.
Als lunch kunnen we zeevruchten eten en als avondeten pasta.
I usually eat bread with a slice of cheese for breakfast.
Als ontbijt eet ik meestal brood met een plakje kaas.
I like ketchup and mustard on my hotdog.
Ik heb graag ketchup en mosterd op mijn hotdog.

Menu - Menu
Beef - Rundvlees**/ Lamb -** Lamsvlees**/ Pork -** Varkensvlees **/ Fish –** Vis
Steak - Biefstuk **/ Hamburger -** Hamburger
Water – Water
Salad - Salade
Soup - Soep
Appetizer – Aperatief**/ Entrée –** Voorgerecht
Cooked - Gekookt
Boiled - Gekookt**/ Fried -** Gebakken
Broiled - Geroosterd
Grilled - Gegrild
Raw - Rauw
Dessert – Dessert
Ice cream - IJs
Coffee – Koffie**/ Tea –** Thee
Olive oil – Olijfolie
Juice - Sap
Honey - Honing **/ Sugar -** Suiker

Do you have a menu in English?
Heb je een menu in het Engels?
Which is preferable, the fried fish or the grilled lamb?
Wat heeft de voorkeur, de gebakken vis of het gegrilde lamsvlees?
I want to order a cup of water, a soup for my appetizer, and pizza for my entrée.
Ik wil een kopje water bestellen, een soep als aperitief en pizza als voorgerecht.
I want to order a steak for myself, a hamburger for my son, and ice cream for my wife.
Ik wil een biefstuk voor mezelf bestellen, een hamburger voor mijn zoon en een ijsje voor mijn vrouw.
What type of dessert is included with my coffee?
Wat voor dessert zit er bij mijn koffie?
Can I order a salad with a hard boiled egg and olive oil on the side?
Kan ik een salade bestellen met een hardgekookt ei en olijfolie erbij?
Is the piece of fish in the sushi cooked or raw?
Is het stuk vis in de sushi gekookt of rauw?
I want to order a fruit juice instead of a soda.
Ik wil een vruchtensap bestellen in plaats van een frisdrank.
I want to order tea with a teaspoon of honey instead of sugar.
Ik wil thee bestellen met een theelepel honing in plaats van suiker.
The tip is 15% at this restaurant.
Bij dit restaurant bedraagt de fooi 15%.

Vegetarian - Vegetarisch
Vegan – Veganistisch
Dairy - Zuivel/ **Dairy products** - Zuivelproducten
Salt - Zout/ **Pepper** - Peper
Flavor - Smaak
Spices - Specerijen
Nuts - Noten / **Peanuts** - Pinda's
Sauce - Saus
Sandwich - Broodje
Mayonnaise - Mayonaise
Rice - Rijst / **Fries** - Friet
Soy - Soja
Jelly - Gelei
Chocolate - Chocolade/ **Cookie** - Koekje/ **A candy** - Een snoepje
Whipped cream - Slagroom
Popsicle - Ijslolly
Frozen - Bevroren/ **Thawed** – Ontdooid

I don't eat meat because I am a vegetarian.
Ik eet geen vlees, want ik ben vegetariër.
My brother won't eat dairy products because he is a vegan.
Mijn broer eet geen zuivelproducten, want hij is veganist.
Food tastes much better with salt, pepper, and other spices.
Eten smaakt veel beter met zout, peper en andere kruiden erbij.
The only things I have in my freezer are popsicles.
Het enige wat ik in mijn vriezer heb, zijn ijslolly's.
No chocolate, candy, or whipped cream until after dinner.
Geen chocolade, snoep of slagroom tot na het avondeten.
I want to try a sample of that piece of cheese.
Ik wil een beetje van dat stuk kaas proeven.
I have allergies to nuts and peanuts.
Ik ben allergisch voor noten en pinda's.
This sauce is delicious.
Dit is een heerlijke saus.
Why do you always put mayonnaise on your sandwich?
Waarom smeer jij altijd mayonaise op je boterham?
The food is still frozen so we need to wait for it to thaw.
Het eten is nog bevroren, dus we moeten wachten tot het ontdooid is.
Please bring me a bowl of cereal and a slice of toasted bread with jelly.
Breng me alsjeblieft een kom ontbijtgranen en een sneetje geroosterd brood met gelei.
It's healthier to eat rice than fries.
Rijst is gezonder dan patat.

VEGETABLES - GROENTEN

Tomato - Tomaat/ **Carrot** - Wortel/ **Lettuce** - Sla
Radish - Radijs**Beet** - Biet/ **Chard** - Snijbiet
Eggplant - Aubergine
Bell Pepper – Paprika/ **Hot pepper** – Hete peper
Celery - Selderij
Spinach - Spinazie
Cabbage - Kool/ **Cauliflower** - Bloemkool
Beans – Bonen
Corn - Maïs
Garlic - Knoflook/ **Onion** - Ui
Artichoke - Artisjok
Grilled vegetables – Gegrilde groenten
Steamed vegetables – Gestoomde groenten

Grilled vegetables or steamed vegetables are popular side dishes at restaurants.
Gegrilde of gestoomde groenten zijn populaire bijgerechten in restaurants.
There are carrots, bell peppers, lettuce, and radishes in my salad.
Er zit wortel, paprika, sla en radijs in mijn salade.
It's not hard to grow tomatoes.
Tomaten kweken is niet moeilijk.
Eggplant can be cooked or fried.
Aubergine kan worden gekookt of gebakken.
I like beets in my salad.
Ik vind bietjes lekker in mijn salade.
I don't like to eat hot peppers.
Ik eet niet graag hete pepers.
Celery and spinach have natural vitamins.
Selderij en spinazie bevatten natuurlijke vitaminen.
Fried cauliflower tastes better than fried cabbage.
Gefrituurde bloemkool smaakt beter dan gebakken kool.
Rice and beans are my favorite side dish.
Rijst en bonen zijn mijn favoriete bijgerechten.
I like butter on corn.
Ik vind boter lekker op maïs.
Garlic is an important ingredient in many cuisines.
In veel keukens is knoflook een belangrijk ingrediënt.
Where is the onion powder?
Waar is het uienpoeder?
An artichoke is difficult to peel.
Een artisjok is moeilijk te pellen.

Cucumber – Komkommer
Lentils - Linzen
Peas - Erwten
Herbs - Kruiden
Basil - Basilicum / **Parsley** - Peterselie/ **Cilantro** - Koriander
Dill - Dille/ **Mint** - Munt /**Green onion** – Bosui
Potato – Aardappel/ **Sweet Potato** - Zoete Aardappel
Mushroom – Paddenstoel / **Asparagus** - Asperge
Seaweed – Zeewier
Pumpkin – Pompoen / **Squash** - Pompoen/ **Zucchini** - Courgette
Chick peas – Kikkererwten
Vegetable garden – Moestuin

I want to order lentil soup.
Ik wil linzensoep bestellen.
Please put the green onion in the refrigerator.
Leg de bosui in de koelkast.
The most common kitchen herbs are basil, cilantro, dill, parsley, and mint.
De meest voorkomende keukenkruiden zijn basilicum, koriander, dille, peterselie en munt.
Some of the most common vegetables for tempura are sweet potatoes and mushrooms.
Enkele van de meest voorkomende groenten voor tempura zijn zoete aardappelen en paddenstoelen.
I want to order vegetarian sushi with asparagus and cucumber along with a side of seaweed salad.
Ik wil vegetarische sushi met asperges en komkommer bestellen, samen met een zeewiersalade.
I enjoy eating pumpkin seeds as a snack.
Ik eet graag pompoenpitten als tussendoortje.
I must water my vegetable garden.
Ik moet mijn moestuin water geven.
The potatoes in the field are ready to harvest.
De aardappelen op het veld zijn klaar om geoogst te worden.
Chickpeas are a popular ingredient in Middle Eastern food.
Kikkererwten zijn een populair ingrediënt in gerechten uit het Midden-Oosten.
Is there Zucchini in the soup?
Zit er courgette in de soep?
I like to put ginger dressing on my salad.
Ik doe graag gemberdressing op mijn salade.
The tomatoes are fresh but the cucumbers are rotten.
De tomaten zijn vers, maar de komkommers zijn rot.

FRUITS - VRUCHTEN

Apple - Appel
Banana - Banaan
Orange - Sinaasappel/ **Grapefruit** - Pompelmoes / Grapefruit
Peach - Perzik
Tropical fruit - Tropisch fruit
Papaya - Papaya / **Coconut** - Kokosnoot
Cherry - Kers
Raisins - Rozijnen/ **Prune** - Pruimen
Dates - Dadels/ **Fig** - Vijg
Fruit salad - Fruitsalade/ **Dried fruit** - Gedroogd fruit
Apricot - Abrikoos / **Pear** - Peer
Avocado - Avocado
Ripe - Rijp

Can I add raisins to the apple pie?
Kan ik rozijnen toevoegen aan de appeltaart?
Orange juice is a wonderful source of Vitamin C.
Sinaasappelsap is een geweldige bron van vitamine C.
Grapefruits are extremely beneficial for your health.
Grapefruits zijn buitengewoon goed voor je gezondheid.
I have a peach tree in my front yard
Ik heb een perzikboom in mijn voortuin.
I bought papayas and coconuts at the supermarket to prepare a fruit salad.
Ik kocht papaja's en kokosnoten in de supermarkt om een fruitsalade te maken.
I want to travel to Japan to see the famous cherry blossom.
Ik wil naar Japan reizen om de beroemde kersenbloesem te zien.
Bananas are tropical fruits.
Bananen zijn tropische vruchten.
I want to mix dates and figs in my fruit salad.
Ik wil dadels en vijgen toevoegen aan mijn fruitsalade.
Apricots and prunes are my favorite dried fruits.
Abrikozen en pruimen zijn mijn favoriete gedroogde vruchten.
Pears are delicious.
Peren zijn heerlijk.
The avocado isn't ripe yet.
De avocado is nog niet rijp.
The green apple is very sour.
De groene appel is erg zuur.
The unripe peach is usually bitter.
De onrijpe perzik is meestal bitter.

Fruit tree - Fruitboom
Citrus - Citrus
Lemon - Citroen
Lime - Limoen
Pineapple - Ananas
Melon - Meloen
Watermelon - Watermeloen
Strawberry - Aardbei
Berry - Bes
Blueberry - Bosbes
Raspberry - Framboos
Grapes - Druiven
Pomegranate - Granaatappel
Plum - Pruim
Olive - Olijf
Grove - Gaard

Strawberries grow during the Spring.
Aardbeien groeien in het voorjaar.
How much does the watermelon juice cost?
Hoeveel kost het watermeloensap?
I have a pineapple plant in a pot.
Ik heb een ananasplant in een pot.
Melons grow on the ground.
Meloenen groeien op de grond.
I am going to the fruit-tree section of the nursery today to purchase a few citrus trees.
Ik ga vandaag naar de fruitboomafdeling van de kwekerij om een paar citrusbomen te kopen.
There are many raspberries growing on the bush.
Er groeien veel frambozen aan de struik.
Blueberry juice is very sweet.
Bosbessensap is erg zoet.
I need to pick the grapes to make the wine.
Ik moet de druiven plukken om de wijn te maken.
Pomegranate juice contains a very high level of antioxidants.
Granaatappelsap bevat een zeer hoog gehalte aan antioxidanten.
Plums are seasonal fruits.
Pruimen zijn seizoensfruit.
I add either lemon juice or lime juice to my salad.
Ik voeg citroensap of limoensap toe aan mijn salade.
I have an olive grove in my backyard.
Ik heb een olijfgaard in mijn achtertuin.

SHOPPING - WINKELEN

Clothes - Kleding
Clothing store - Kledingwinkel
For sale - Te koop
Hat - Hoed
Shirt - Overhemd
Shoes - Schoenen
Skirt - Rok/ **Dress -** Jurk
Pants - Broek / **Shorts -** Korte broek
Suit - Pak/ **Vest -** Vest
Tie - Stropdas
Uniform - Uniform
Belt - Riem
Socks - Sokken
Gloves - Handschoenen
Glasses - Bril / **Sunglasses -** Zonnebril
Size - Maat
Small - Small / **Medium -** Medium/ **Large -** Large
Thick - Dik/ **Thin -** Dun
Thrift store - Kringloopwinkel

There are a lot of clothes for sale today.
Vandaag is er een hoop kleding te koop.
Does this hat look good?
Ziet deze hoed er goed uit?
I am happy with this shirt and these shoes.
Ik ben blij met dit shirt en deze schoenen.
She prefers a skirt instead of a dress.
Zij draagt liever een rok dan een jurk.
These pants aren't my size.
Deze broek is niet mijn maat.
Where can I find a thrift store? I want to buy a suit, a vest, and a tie.
Waar vind ik een kringloopwinkel? Ik wil een pak, een vest en een stropdas kopen.
There are uniforms for school at the clothing store.
Bij de kledingwinkel zijn schooluniformen verkrijgbaar.
I forgot my socks, belt, and shorts at your house.
Ik ben mijn sokken, riem en korte broek bij jou thuis vergeten.
These gloves are a size too small. Do you have a medium size?
Deze handschoenen zijn een maat te klein. Heb je ze ook in medium formaat?
Today I don't need my reading glasses. However, I have my sunglasses.
Vandaag heb ik mijn leesbril niet nodig. Ik heb echter mijn zonnebril.

Jacket - Jas
Scarf - Sjaal
Mittens - Wanten
Sleeve - Mouw
Boots (rain, winter) - Laarzen
Sweater - Trui
Bathing suit - Badpak
Flip flops - Slippers
Tank top - Tanktop
Sandals - Sandalen
Heels - Hakken
On sale - Te koop
Expensive - Duur
Free - Gratis/ **Discount -** Korting/ **Cheap -** Goedkoop
Shopping - Winkelen
Mall - Winkelcentrum

We are going to the mountain today so don't forget your jacket, mittens, and scarf.
We gaan vandaag naar de berg, dus vergeet je jas, wanten en sjaal niet.
I have long sleeve shirts and short sleeve shirts.
Ik heb shirts met lange mouwen en shirts met korte mouwen.
Boots and sweaters are meant for winter.
Laarzen en truien zijn bedoeld voor de winter.
At the beach, I wear a bathing suit and flip flops.
Op het strand draag ik een badpak en slippers.
I want to buy a tank top for summer.
Ik wil een tanktop kopen voor de zomer.
I can't wear heels on the beach, only sandals.
Ik kan geen hakken dragen op het strand, alleen sandalen.
What will be on sale tomorrow?
Wat is er morgen te koop?
This is free.
Dit is gratis.
Even though this cologne and this perfume are discounted, they are still very expensive.
Ook al is deze eau de cologne en dit parfum afgeprijsd, ze zijn nog steeds erg duur.
These items are very cheap.
Deze artikelen zijn erg goedkoop.
I can go shopping only on weekends.
Ik kan alleen in het weekend gaan winkelen.
Is the local mall far?
Is het plaatselijke winkelcentrum ver?

Store - Winkel
Business hours - Openingstijden
Open - Open
Closed - Gesloten
Entrance - Ingang/ **Exit -** Uitgang
Shopping cart - Winkelwagen/ **Shopping basket -** Winkelmandje
Shopping bag - Boodschappentas
Toy store - Speelgoedwinkel/ **Toy -** Speelgoed
Book store - Boekhandel
Music store - Muziekwinkel
Jeweler - Juwelier/ **Jewelry -** Sieraden
Gold - Goud/ **Silver -** Zilver
Necklace - Halsketting/ **Bracelet -** Armband/ **Diamond -** Diamant
Gift - Cadeautje
Coin - Munt
Antique - Antiek
Dealer - Handelaar

What are your (plural) **business hours?**
Wat zijn jullie openingstijden?
What time does the store open?
Hoe laat gaat de winkel open?
What times does the store close?
Hoe laat sluit de winkel?
Where is the entrance?
Waar is de ingang?
Where is the exit?
Waar is de uitgang?
My children want to go to the toy store so they can fill up the shopping cart with toys.
Mijn kinderen willen naar de speelgoedwinkel om de winkelwagen te vullen met speelgoed.
I use a large shopping basket at the supermarket.
In de supermarkt gebruik ik een grote boodschappenmand.
There is a sale at the bookstore right now.
Momenteel is er een uitverkoop in de boekhandel.
The jeweler sells gold and silver.
De juwelier verkoopt goud en zilver.
I want to buy a diamond necklace.
Ik wil een diamanten halsketting kopen.
This bracelet and those pair of earrings are gifts for my daughter.
Deze armband en dat paar oorbellen zijn cadeautjes voor mijn dochter.
He is an antique coin dealer.
Hij is een handelaar in antieke munten.

FAMILY - FAMILIE

Mother - Moeder
Father - Vader
Son - Zoon/ **Daughter -** Dochter
Brother - Broer
Sister - Zuster
Husband - Echtgenoot
Wife - Echtgenote
Parent - Ouder/ **Parents** (plural) - Ouders
Child - Kind
Baby - Baby
Grandfather - Opa
Grandmother - Oma
Grandparents - Grootouders
Grandson - Kleinzoon
Granddaughter - Kleindochter
Grandchildren - Kleinkinderen
Nephew - Neef/ **Niece -** Nicht
Cousin - Neef

I have a big family.
Ik heb een grote familie.
My brother and sister are here.
Mijn broer en zus zijn hier.
The mother and father want to spend time with their child.
De moeder en vader willen tijd doorbrengen met hun kind.
He wants to bring his son and daughter to the public park.
Hij wil zijn zoon en dochter meenemen naar het openbare park.
The grandfather wants to take his grandson to the movie.
De opa wil zijn kleinzoon meenemen naar de film.
The grandmother wants to give her granddaughter money.
De oma wil haar kleindochter geld geven.
The grandparents want to spend time with their grandchildren.
De grootouders willen tijd doorbrengen met hun kleinkinderen.
The husband and wife have a new baby.
De man en vrouw hebben een nieuw baby.
I want to go to the park with my niece and nephew.
Ik wil naar het park met mijn nichtje en neefje.
My cousin wants to see his children.
Mijn neef wil zijn kinderen zien.
That man is a good parent.
Die man is een goede ouder.

Aunt - Tante/ **Uncle** - Oom
Man - Man / **Woman** - Vrouw
Stepfather - Stiefvader/ **Stepmother** - Stiefmoeder
Stepbrother - Stiefbroer/ **Stepsister** - Stiefzus
Stepson - Stiefzoon/ **Stepdaughter** - Stiefdochter
In laws - Schoonouders
Ancestors - Voorouders
Family tree - Stamboom
Generation - Generatie
First born - Eerstgeborene/ **Only child** - Enig kind
Relative - Familielid/ **Family member** - Familielid
Twins - Tweeling
Pregnant - Zwanger
Adopted child - Geadopteerd kind
Orphan - Wees
Adult - Volwassene
Neighbor - Buurman/ **Friend** - Vriend
Roommate - Kamergenoot

My aunt and uncle came here for a visit.
Mijn tante en oom kwamen hier op bezoek.
He is their only child.
Hij is hun enig kind.
My wife is pregnant with twins.
Mijn vrouw is zwanger van een tweeling.
He is their eldest son.
Hij is hun oudste zoon.
The first-born child usually takes on all the responsibilities.
Het eerstgeboren kind neemt meestal alle verantwoordelijkheden op zich.
I was able to find all my relatives and ancestors on my family tree.
Ik heb al mijn familieleden en voorouders in mijn stamboom kunnen vinden.
My parents' generation loved disco music.
De generatie van mijn ouders hield van discomuziek.
Their adopted child was an orphan
Hun geadopteerde kind was wees.
I like my in-laws.
Ik hou van mijn schoonouders.
I have a nice neighbor.
Ik heb aardige buren.
She considers her stepson as her real son.
Ze beschouwt haar stiefzoon als haar echte zoon.
She is his stepdaughter.
Ze is zijn stiefdochter.

HUMAN BODY - MENSELIJK LICHAAM

Head - Hoofd
Face - Gezicht
Eye - Oog/ **(p)** Ogen, **Ear -** Oor/ **(p)** Oren
Nose - Neus
Mouth - Mond/ **Lips -** Lippen
Tongue - Tong
Cheek - Wang
Chin - Kin
Neck - Nek/ **Throat -** Keel
Forehead - Voorhoofd
Eyebrow - Wenkbrauw/ **Eyelashes -** Wimpers
Hair - Haar / **Beard -** Baard/ **Mustache -** Snor
Tooth - Tand/ **(p)** tanden

My chin, cheeks, mouth, lips, and eyes are all part of my face.
Mijn kin, wangen, mond, lippen en ogen maken allemaal deel uit van mijn gezicht.
He has small ears.
Hij heeft kleine oren.
I have a cold so therefore my nose, eyes, mouth, and tongue are affected.
Ik ben verkouden, dus mijn neus, ogen, mond en tong zijn aangetast.
The five senses are sight, touch, taste, smell, and hearing.
De vijf zintuigen zijn zien, voelen, proeven, ruiken en horen.
I am washing my face right now.
Ik ben mijn gezicht nu aan het wassen.
I have a headache
Ik heb hoofdpijn.
My eyebrows are too long.
Mijn wenkbrauwen zijn te lang.
He must shave his beard and mustache.
Hij moet zijn baard en snor scheren.
I brush my teeth every morning.
Ik poets mijn tanden elke ochtend.
She puts makeup on her cheeks and a lot of lipstick on her lips.
Ze doet make-up op haar wangen en een hoop lippenstift op haar lippen.
Her hair covered her forehead.
Haar haar bedekte haar voorhoofd.
She has a long neck.
Zij heeft een lange nek.
I have a sore throat.
Ik heb keelpijn.

Shoulder - Schouder / **Chest -** Borst
Arm - Arm / **Hand -** Hand/ **Palm** (of hand) - Palm
Elbow - Elleboog/ **Wrist -** Pols
Finger - Vinger / **Thumb -** Duim
Back - Rug
Belly - Buik/ **Stomach -** Maag/ **Intestines -** Darmen
Brain - Hersenen/ **Heart -** Hart/ **Kidneys -** Nieren
Lungs - Longen/ **Liver -** Lever
Leg - Been/ **Ankle -** Enkel/ **Foot -** Voet/ **Palm** (of foot) - Palm /**Toe -** Teen
Nail - Nagel
Joint - Gewricht
Muscle - Spier
Spine - Ruggengraat/**Skeleton -** Skelet/**Bone -** Bot
Ribs - Ribben/**Skull -** Schedel
Skin - Huid
Vein - Ader

He has a problem with his stomach.
Hij heeft een probleem met zijn maag.
The brain, heart, kidneys, lungs, and liver are internal organs.
De hersenen, het hart, de nieren, de longen en de lever zijn inwendige organen.
His chest and shoulders are very muscular.
Zijn borst en schouders zijn erg gespierd.
I need to strengthen my arms and legs.
Ik moet mijn armen en benen aansterken.
I accidentally hit his wrist with my elbow.
Ik raakte per ongeluk zijn pols met mijn elleboog.
I have pain in every part of my body especially in my hand, ankle, and back.
Ik heb pijn in elk deel van mijn lichaam, met name in mijn hand, enkel en rug.
I want to cut my nails.
Ik wil mijn nagels knippen.
I need a new bandage for my thumb.
Ik heb een nieuw verband nodig voor mijn duim.
I have a cast on my foot because of a broken bone.
Ik heb een gipsverband aan mijn voet vanwege een gebroken bot.
I have muscles and joint pain today.
Ik heb spier- en gewrichtspijn vandaag.
The spine is the main part of the body.
De wervelkolom is het belangrijkste deel van het lichaam.
I have beautiful skin.
Ik heb een mooie huid.

HEALTH AND MEDICAL - GEZONDHEID EN MEDISCH

Disease - Ziekte
Bacteria - Bacteriën
Sick - Ziek
Clinic - Kliniek
Headache - Hoofdpijn/ **Earache** - Oorpijn
Pharmacy - Apotheek/ **Prescription** - Voorschrift
Symptoms - Symptomen
Nausea - Misselijkheid/ **Stomachache** - Buikpijn
Allergy - Allergie
Penicillin - Penicilline/ **Antibiotic** - Antibioticum
Sore throat - Keelpijn/ **Fever** - Koorts/ **Flu** - Griep
Cough - Hoest/ **To cough** - Hoesten
Infection - Infectie/ **Injury** - Letsel/ **Scar** - Litteken
Ache / pain - Pijn
Intensive care - Spoedeisende Hulp
Bandaid - Pleister/ **Bandage** - Verband

Are you in good health?
Heb jij een goede gezondheid?
These bacteria caused this disease.
Deze bacteriën hebben deze ziekte veroorzaakt.
He is very sick.
Hij is erg ziek.
I have a headache so I must go to the pharmacy to refill my prescription.
Ik heb hoofdpijn, dus ik moet naar de apotheek om mijn voorschrift bij te vullen.
The main symptoms of food poisoning are nausea and stomach ache.
De hoofdzakelijke symptomen van voedselvergiftiging zijn misselijkheid en buikpijn.
I have an allergy to penicillin, so I need another antibiotic.
Ik ben allergisch voor penicilline, dus ik heb een ander antibioticum nodig.
What do I need to treat an earache?
Wat heb ik nodig om oorpijn te behandelen?
I need to go to the clinic for my fever and sore throat.
Ik moet naar de kliniek voor mijn koorts en keelpijn.
The bandage won't help your infection.
Het verband zal niet helpen bij je infectie.
I have a serious injury so I must go to intensive care.
Ik heb een ernstige blessure, dus ik moet naar de intensive care.
I have muscle and joint pains today.
Ik heb spier- en gewrichtspijn vandaag.

Hospital - Ziekenhuis
Doctor - Dokter/ **Nurse** - Verpleegster
Family Doctor - Huisarts/ **Pediatrician** - Kinderarts
Medication - Medicatie/ **Pills** - Pillen
Heartburn - Maagzuur
Paramedic - Paramedicus/ **Emergency room** - Spoedeisende hulp
Health insurance - Ziektekostenverzekering / **Patient** - Patiënt
Surgery - Operatie/ **Surgeon** - Chirurg/ **Face mask** - Gezichtsmasker
Anesthesia - Verdoving / **Local anesthesia** - Plaatselijke verdoving
General anesthesia - Algehele Narcose
Wheelchair - Rolstoel/ **Cane** - Wandelstok
Walker - Rollator / **Stretcher** - Brancard
Dialysis - Dialyse/ **Insulin** - Insuline/ **Diabetes** - Suikerziekte
Temperature - Temperatuur/ **Thermometer** - Thermometer
A shot - Een injectie/ **Needle** - Naald/ **Syringe** - Spuit
In need of - Nodig

Where is the closest hospital?
Waar is het dichtstbijzijnde ziekenhuis?
Usually we see the nurse before the doctor.
Meestal zien we eerst de verpleegster en dan de dokter.
The paramedics can take her to the emergency room but she doesn't have health insurance.
De paramedici kunnen haar naar de spoedeisende hulp brengen, maar ze heeft geen ziektekostenverzekering.
The doctor treated the patient.
De dokter behandelde de patiënt.
He needs knee surgery today.
Hij moet vandaag geopereerd worden aan zijn knie.
The surgeon needs to administer general anesthesia in order to operate on the patient.
De chirurg moet algehele narcose toepassen om de patiënt te opereren.
Does the patient need a wheelchair or a stretcher?
Heeft de patiënt een rolstoel of brancard nodig?
I have to take medicine every day.
Ik moet elke dag medicijnen nemen.
Do you have any pills for heartburn?
Heb jij pillen tegen brandend maagzuur?
Where is the closest dialysis center?
Waar is het dichtstbijzijnde dialysecentrum?
The doctor didn't prescribe insulin for my diabetes.
De dokter heeft geen insuline voor mijn diabetes voorgeschreven.
I need a thermometer to take my temperature.
Ik heb een thermometer nodig om mijn temperatuur op te nemen.

Stroke - Beroerte / **Heart attack** - Hartaanval
Blood - Bloed/ **Blood pressure** - Bloeddruk
Cancer - Kanker/ **Chemotherapy** - Chemotherapie
Help - Hulp
Germs - Ziektekiemen / **Virus** - Virus
Vaccine - Vaccin/ **A cure** - Een remedie/ **To cure** - Genezen
Cholesterol - Cholesterol/ **Nutrition** - Voeding/ **Diet** - Dieet
Blind - Blind / **Deaf** - Doof/ **Mute** - Stom
Young - Jong/ **Elderly** - Ouderen
Fat - Dik/ **Skinny** - Dun
Nursing home - Verpleeghuis
Disability, handicap - Handicap/ **Paralysis** - Verlamming
Depression - Depressie/ **Anxiety** - Angst
Dentist - Tandarts
X-ray - Röntgenfoto
Tooth cavity - Tandholte
Tooth paste - Tandpasta/ **Tooth brush** - Tandenborstel

A stroke is caused by a lack of blood flow to the brain.
Een beroerte wordt veroorzaakt door een gebrek aan bloedtoevoer naar de hersenen.
These are the symptoms of a heart attack.
Dit zijn de symptomen van een hartaanval.
Chemotherapy is for treating cancer.
Chemotherapie is voor de behandeling van kanker.
Proper nutrition is very important and you must avoid foods that are high in cholesterol.
Goede voeding is erg belangrijk en voedingsmiddelen met een hoog cholesterolgehalte dien je te vermijden.
I am starting my diet today.
Ik begin vandaag met mijn dieet.
There is no cure for this virus, only a vaccine.
Er is geen remedie voor dit virus, alleen een vaccin.
The nursing home is open 365 days a year.
Het verpleeghuis is 365 dagen per jaar geopend.
I don't like suffering from depression and anxiety.
Ik lijd niet graag aan depressie en angsten.
Soap and water kill germs.
Zeep en water doden bacteriën.
The dentist took X-rays of my teeth to check for cavities.
De tandarts heeft röntgenfoto's van mijn tanden gemaakt om te controleren op gaatjes.
In the morning I put tooth paste on my toothrbush.
's Ochtends doe ik tandpasta op mijn tandenborstel.

EMERGENCY & DISASTERS - NOODGEVALLEN & RAMPEN

Help - Hulp
Fire - Vuur
Ambulance - Ambulance
First aid - EHBO
CPR - Reanimatie
Emergency number - Noodnummer
Accident - Ongeval/ **Car crash** - Auto-ongeluk
Death - Dood/ **Deadly** - Dodelijk/ **Fatality** - Fataliteit
Lightly wounded - Lichtgewond
Moderately wounded - Matig gewond
Seriously wounded - Ernstig gewond
Fire truck - Brandweerwagen/ **Siren** - Sirene
Fire extinguisher - Brandblusser
Police - Politie/ **Police station** - Politiebureau
Robbery - Overval
Thief - Dief/ **Murderer** - Moordenaar

There is a fire. I need to call for help.
Er is brand. Ik moet bellen om hulp in te schakelen.
I need to call an ambulance.
Ik moet een ambulance bellen.
That accident was bad.
Dat was een erg ongeluk.
The thief wants to steal my money.
De dief wil mijn geld stelen.
The car crash was fatal, there were two deaths, and four suffered serious injuries. Het auto-ongeluk was dodelijk, er vielen twee doden en vier liepen ernstige verwondingen op.
One was moderately wounded and two were lightly wounded.
Eén was matig gewond en twee waren lichtgewond.
CPR is a first step of first-aid.
Reanimatie is een eerste stap bij EHBO.
Please provide me with the emergency number.
Gelieve mij het noodnummer te verstrekken.
The police are on their way.
De politie is al onderweg.
I must call the police station to report a robbery.
Ik moet het politiebureau bellen om aangifte te doen van een overval.
The siren of the fire truck is very loud.
De sirene van de brandweerwagen is erg luid.
Where is the fire extinguisher?
Waar is de brandblusser?

Fire hydrant - Brandkraan
Fireman - Brandweerman
Emergency situation - Noodsituatie
Explosion - Explosie
Rescue - Redding
Natural disaster - Natuurramp
Destruction - Verwoesting
Damage - Schade
Hurricane - Orkaan
Tornado - Tornado
Flood - Overstroming/ **Overflow** (water) - Overloop
Storm - Storm
Snowstorm - Sneeuwstorm
Hail - Hagel
Bomb shelter - Schuilkelder
Refuge - Toevluchtsoord
Cause - Oorzaak
Safety - Veiligheid
Drought - Droogte/ **Famine** - Hongersnood
Poverty - Armoede
Epidemic - Epidemie/ **Pandemic** - Pandemie

It's prohibited to park by the fire hydrant in case of a fire.
Bij brand is het verboden te parkeren bij de brandkraan.
When there is a fire, the first to arrive on scene are the firemen.
Bij brand zijn de brandweerlieden als eerste ter plaatse.
There is a fire. I must call for help.
Er is een brand. Ik moet hulp bellen.
In an emergency situation everyone needs to be rescued.
In een noodsituatie moet iedereen worden gered.
The gas explosion led to a natural disaster.
De gasexplosie leidde tot een natuurramp.
During a siren you need to run to the bomb shelter.
Tijdens een sirene moet je naar de schuilkelder rennen.
The hurricane caused a lot of damage and destruction in its path.
De orkaan veroorzaakte veel schade en verwoesting op zijn pad.
The tornado destroyed the town.
De tornado verwoestte de stad.
The drought led to famine and a lot of poverty.
De droogte leidde tot hongersnood en een hoop armoede.
There were three days of flooding following the storm.
Na de storm waren er drie dagen lang overstromingen.
This is a snowstorm and not a hail storm.
Dit is een sneeuwstorm en geen hagelstorm.

Danger - Gevaar
Dangerous - Gevaarlijk
A warning - Een waarschuwing
Warning! - Waarschuwing!
Earthquake - Aardbeving
Disaster - Ramp
Disaster area - Rampgebied
Mandatory - Verplicht
Evacuation - Evacuatie
Safe place - Veilige plek
Blackout – Black-out
Rainstorm - Regenbui
Avalanche - Lawine
Heatwave - Hittegolf
Rip current - Scheurstroom
Tsunami - Tsunami
Whirlpool - Draaikolk
Lightning - Bliksem/ (plural) Bliksemschichten
Thunder - Donder

We need to stay in a safe place during the earthquake.
Tijdens de aardbeving moeten we op een veilige plek blijven.
Heatwaves are usually in the summer.
Er zijn meestal hittegolven in de zomer.
This is a disaster area, therefore there is a mandatory evacuation order.
Dit is een rampgebied, daarom is er een verplicht ontruimingsbevel.
There was a blackout for three hours due to the rainstorm.
Er was een stroomuitval van drie uur vanwege de regenbui. ¬
Be careful during the snowstorm, because there might be an avalanche.
Wees voorzichtig tijdens de sneeuwstorm, want er is kans op een lawine.
There is a tsunami warning today.
Er is vandaag een tsunami-waarschuwing.
You can't swim against a rip current.
Je kunt niet tegen een scheurstroom in zwemmen.
There is a dangerous whirlpool in the ocean.
Er is een gevaarlijke draaikolk in de oceaan.
There is a risk of lightning today.
Er is vandaag kans op bliksem.

HOME - THUIS

Living room - Woonkamer
Couch - Bank
Sofa - Sofa
Door - Deur
Closet - Kast
Stairway - Trap
Rug - Vloerkleed
Curtain - Gordijn
Window - Raam
Floor - vloer
Floor (as in level) - verdieping
Fireplace - Open haard
Chimney - Schoorsteen
Candle - Kaars
Laundry detergent - Wasmiddel

The living room is missing a couch and a sofa.
In de woonkamer ontbreekt een bank en een sofa.
I must buy a new door for my closet.
Ik moet een nieuwe deur kopen voor mijn kast.
The spiral staircase is beautiful.
De wenteltrap is prachtig.
There aren't any curtains on the windows.
Er hangen geen gordijnen voor de ramen.
I have a marble floor on the first floor and a wooden floor on the second floor.
Ik heb een marmeren vloer op de eerste verdieping en een houten vloer op de tweede verdieping.
I can only light this candle now.
Ik kan deze kaars alleen nu aansteken.
The fire sparkles in the fireplace.
Het vuur fonkelt in de open haard.
I can clean the floors today and then I want to arrange the closet.
Ik kan vandaag de vloeren schoonmaken en daarna wil ik de kast in orde maken.
I have to wash the rug with laundry detergent.
Ik moet het vloerkleed wassen met wasmiddel.

Silverware - Bestek
Knife - Mes/ **Spoon** - Lepel/ **Fork** - Vork/ **Teaspoon** - Theelepel
Kitchen - Keuken
A cup/mug - Een kop / mok
Plate - Bord
Bowl - Kom / **Little bowl** - Kommetje
Napkin - Servetje
Table - Tafel
Placemat - Placemat
Table cloth - Tafelkleed
Glass (material) - Glas
A glass (cup) - Een glas
Oven - Oven/ **Stove** - Fornuis
Pot (cooking) - Pot / **Pan** - Pan
Shelve - Plank
Cabinet - Kast
Pantry - Voorraadkast
Drawer - Lade

The knives, spoons, teaspoons, and forks are inside the drawer in the kitchen.
De messen, lepels, theelepels en vorken liggen in de la in de keuken.
There aren't enough cups, plates, and silverware on the table for everyone.
Er zijn niet genoeg kopjes, borden en bestek op tafel voor iedereen.
The napkin is underneath the bowl.
Het servetje ligt onder de kom.
The placemats are on the table.
De placemats liggen op tafel.
The table cloth is beautiful.
Het tafelkleed is prachtig.
There is canned food in the pantry.
Er ligt ingeblikt voedsel in de voorraadkast.
Where are the toothpicks?
Waar zijn de tandenstokers?
The glasses on the shelve are used for champagne, not wine.
De glazen op de plank worden gebruikt voor champagne, niet voor wijn.
The pizza is in the oven.
De pizza zit in de oven.
The pots and pans are in the cabinet.
De potten en pannen staan in de kast.
The stove isn't functioning.
Het fornuis werkt niet.

Bedroom - Slaapkamer
Bed - Bed
Blanket - Deken/ **Bed sheet** - Laken
Mattress - Matras / **Pillow** - Kussen
Mirror - Spiegel
Chair - Stoel
Dinning room - Eetkamer
Hallway - Gang
Downstairs - Beneden
Towel - Handdoek
Bathroom - Badkamer
Bathtub - Badkuip/ **Shower** - Douche
Sink - Wastafel/ **Faucet** - Kraan
Soap - Zeep
Bag - Tas / **Box** - Doos
Key - Sleutel

The master bedroom is at the end of the hallway, and the dining room is downstairs.
De hoofdslaapkamer bevindt zich aan het einde van de gang en de eetkamer is beneden.
The mirror looks good in the bedroom.
De spiegel ziet er goed uit in de slaapkamer.
I have to buy a new bed and a new mattress.
Ik moet een nieuw bed en een nieuw matras kopen.
Where are the blankets and bed sheets?
Waar zijn de dekens en lakens?
My pillows are on the chair.
Mijn kussens liggen op de stoel.
These towels are for drying your hand.
Deze handdoeken zijn om je handen mee af te drogen.
The bathtub, shower, and the sink are old.
Het bad, de douche en de wastafel zijn oud.
I need soap to wash my hands.
Ik heb zeep nodig om mijn handen te wassen.
The guest bathroom is in the corner of the hallway.
De gastenbadkamer bevindt zich in de hoek van de gang.
How many boxes does he have?
Hoeveel dozen heeft hij?
I want to put my things in the plastic bag.
Ik wil mijn spullen in de plastic tas stoppen.
I need to bring my keys.
Ik moet mijn sleutels meenemen.

Room - Kamer
Balcony - Balkon
Roof - Dak
Ceiling - Plafond
Wall - Muur
Carpet - Tapijt
Attic - Zolder
Basement - Kelder
Trash - Afval
Garbage can - Kliko
Driveway - Oprit
Garden - Tuin
Backyard - Achtertuin
Jar - Kan
Doormat - Deurmat

I can install new windows for my balcony.
Ik kan nieuwe ramen laten inbouwen op mijn balkon.
I must install a new roof.
Ik moet een nieuw dak maken.
The color of my ceiling is white.
De kleur van mijn plafond is wit.
I must paint the walls.
Ik moet de muren verven.
The attic is an extra room in the house.
De zolder is een extra kamer in het huis.
The kids are playing either in the basement or the backyard.
De kinderen spelen in de kelder of de achtertuin.
All the glass jars are outside on the doormat.
Alle glazen kannen staat buiten op de deurmat.
The garbage can is blocking the driveway.
De kliko blokkeert de oprit.

Conclusion

You have now learned a wide range of sentences in relation to a variety of topics such as the home and garden. You can discuss the roof and ceiling of a house, plus natural disasters like hurricanes and thunderstorms.

The combination of sentences can also work well when caught in a natural disaster and having to deal with emergency issues. When the electricity gets cut you can tell your family or friends, "I can only light this candle now." As you're running out of the house, remind yourself of the essentials by saying, "I need to bring my keys with me."

If you need to go to a hospital, you have now been provided with sentences and the vocabulary for talking to doctors and nurses and dealing with surgery and health issues. Most importantly, you can ask, "What is the emergency number in this country?" When you get to the hospital, tell the health services, "The hurricane caused a lot of destruction and damage in its path," and "We used the hurricane shelter for refuge."

The three hundred and fifty words that you learned in part 1 should have been a big help to you with these new themes. When learning the Dutch language, you are now more able to engage with people in Dutch, which should make your travels flow a lot easier.

Part 3 will introduce you to additional topics that will be invaluable to your journeys. You will learn vocabulary in relation to politics, the military, and the family. The three books in this series all together provide a flawless system of learning the Dutch language. When you visit the Netherlands, you will now have the capacity for greater conversational learning.

When you proceed to Part 3 you will be able to expand your vocabulary and conversational skills even further. Your range of topics will expand to the office environment, business negotiations and even school.

Please, feel free to post a review in order to share your experience or suggest feedback as to how this method can be improved.

Conversational Dutch Quick and Easy
The Most Innovative Technique to Learn the Dutch Language

Part III

YATIR NITZANY

Introduction to the Program

You have now reached Part 3 of Conversational Dutch Quick and Easy. In Part 1 you learned the 350 words that could be used in an infinite number of combinations. In Part 2 you moved on to putting these words into sentences. You learned how to ask for help when your house was hit by a hurricane and how to find the emergency services. For example, if you need to go to a hospital, you have now been provided with sentences and the vocabulary for talking to doctors and nurses and dealing with surgery and health issues. When you get to the hospital, you can tell the health services, "The hurricane caused a lot of destruction and damage in its path," and "We used the hurricane shelter for refuge."

In this third book in the series, you will find the culmination of this foreign language course that is based on a system using key phrases used in day-to-day life. You can now move on to further topics such as things you would say in an office. This theme is ideal if you've just moved to Dutch for a new job. You may be about to sit at your desk to do an important task assigned to you by your boss but you have forgotten the details you were given. Turn to your colleagues and say, "I have to write an important email but I forgot my password." Then, if the reply is "Our secretary isn't here today. Only the receptionist is here but she is in the bathroom," you'll know what is being said and you can wait for help. By the end of the first few weeks, you'll have at your disposal terminology that can help reflect your experiences. "I want to retire already," you may find yourself saying at coffee break on a Monday morning after having had to go to your bank manager and say, "I need a small loan in order to pay my mortgage this month."

I came up with the idea of this unique system of learning foreign languages as I was struggling with my own attempt to learn Dutch. When playing around with word combinations I discovered 350 words that when used together could make up an infinite number of sentences. From this beginning, I was able to start speaking in a new language. I then practiced and found that I could use the same technique with other languages, such as Spanish, French, Italian and Arabic. It was a revelation.

This method is by far the easiest and quickest way to master other languages and begin practicing conversational language skills.

The range of topics and the core vocabulary are the main components of this flawless learning method. In Part 3 you have a chance to learn how to relate to people in many more ways. Sports, for example, are very important for keeping healthy and in good spirits. The social component of these types of activities should not be underestimated at all. You will, therefore, have much help when you meet some new people, perhaps in a bar, and want to say to them, "I like to watch basketball games," and "Today are the finals of the Olympic Games. Let's see who wins the World Cup."

For sports, the office, and for school, some parts of conversation are essential. What happens when you need to get to work but don't have any clean clothes to wear because of malfunctions with the machinery. What you need is to be able to pick up the phone and ask a professional or a friend, "My washing machine and dryer are broken so maybe I can wash my laundry at the public laundromat." When you finally head out after work for some drinks and meet a nice new man, you can say, "You can leave me a voicemail or send me a text message."

Hopefully, these examples help show you how reading all three parts of this series in combination will prepare you for all you need in order to boost your conversational learning skills and engage with others in your newly learned language. The first two books have been an important start. This third book adds additional vocabulary and will provide the comprehensive knowledge required.

OFFICE - KANTOOR

Boss - Baas
Employee(s) - Medewerker(s)
Staff - Personeel
Meeting - Ontmoeting
Conference room - Conferentieruimte
Secretary - Secretaresse/ **Receptionist** - Receptioniste
Schedule - Schema / **Calendar** - Kalender
Supplies - Benodigdheden
Pen - Pen/ **Ink** - Inkt
Pencil - Potlood/ **Eraser** - Gum
Desk - Bureau/ **Cubicle** - Hokje/ **Chair** - Stoel
Office furniture - Kantoormeubilair
Business card - Visitekaartje
Lunch break - Lunchpauze
Days off - Vrije dagen
Briefcase - Aktetas
Bathroom - Badkamer

My boss asked me to hand in the paperwork.
Mijn baas vroeg me de papieren in te leveren.
Our secretary isn't here today. The receptionist is here but she is in the bathroom.
Onze secretaris is er vandaag niet. De receptioniste is er wel, maar ze is op het toilet.
The employee meeting can take place in the conference room.
Het personeelsoverleg kan plaatsvinden in de vergaderruimte.
My business cards are inside my briefcase.
Mijn visitekaartjes zitten in mijn aktetas.
The office staff must check their work schedule daily.
Het kantoorpersoneel moet dagelijks hun werkrooster controleren.
I am going to buy office furniture.
Ik ga kantoormeubilair kopen.
There isn't any ink in this pen.
Er zit geen inkt in deze pen.
This pencil is missing an eraser.
Het ontbreekt dat potlood aan een gum.
Our days off are written on the calendar.
Onze vrije dagen staan op de kalender geschreven.
I need to buy extra office supplies.
Ik moet extra kantoorartikelen kopen.
I am busy until my lunch break.
Ik ben bezig tot mijn lunchpauze.

Laptop - Laptop
Computer - Computer
Keyboard - Toetsenbord
Mouse - Muis
Email - E-Mail
Password - Wachtwoord
Attachment - Bijlage
Printer - Printer
Colored printer - Kleurenprinter
To download - Downloaden **/ To upload -** Uploaden
Internet - Internet
Account - Account
A copy - Een kopie / **To copy -** Kopiëren
Paste - Plakken
Fax - Faxen
Scanner - Scanner**/ To scan -** Scannen
Telephone - Telefoon
Charger - Oplader**/ To charge** (a phone) **-** Opladen

I want to write an important email but I forgot my password for my account.
Ik wil een belangrijke e-mail opstellen, maar ik ben het wachtwoord voor mijn account vergeten.
I need to purchase a computer, a keyboard, a printer, and a desk.
Ik moet een computer, toetsenbord, printer en bureau aanschaffen.
Where is the mouse on my laptop?
Waar zit de muis op mijn laptop?
The internet is slow today therefore it's difficult to upload or download.
Vandaag is het internet traag, daarom is het moeilijk om te uploaden of te downloaden.
Do you have a colored printer?
Heb je een kleurenprinter?
I needed to fax the contract but instead, I decided to send it as an attachment in the email.
Ik moest het contract faxen, maar in plaats daarvan besloot ik het als bijlage in de e-mail te sturen.
One day, the fax machine will be completely obsolete.
Op den duur zal het faxapparaat compleet overbodig zijn.
Where is my phone charger?
Waar is mijn telefoonoplader?
The scanner is broken.
De scanner is kapot.
The telephone is behind the chair.
De telefoon staat achter de stoel.

Shredder - Papierversnipperaar
Copy machine - Kopieerapparaat
Filing cabinet - Archiefkast
Paper - Papier, **(p)** Papieren/ **Page** - Pagina, (p) Pagina's
Paperwork - Papierwerk
Portfolio - Portfolio
Files - Bestanden
Document - Document
Contract - Contract
Records - Notulen/ **Archives** - Archieven
Deadline - Deadline
Binder - Opbergmap
Paper clip - Paperclip
Stapler - Nietmachine/ **Staples** - Nietjes
Stamp - Stempel
Mail - Post
Letter - Brief / **Envelope** - Envelop
Data - Gegevens
Analysis - Analyse
Highlighter - Markeerstift/ **Marker** - Marker/ **To highlight** - Markeren
Ruler - Liniaal

The supervisor at our company is responsible for data analysis.
De leidinggevende van ons bedrijf is verantwoordelijk voor de data-analyse.
The copy machine is next to the telephone.
Het kopieerapparaat staat naast de telefoon.
I can't find my stapler, paper clips, nor my highlighter in my cubicle.
Ik kan mijn nietmachine, paperclips en mijn markeerstift niet vinden in mijn hokje.
The filing cabinet is full of documents.
De archiefkast ligt vol met documenten.
The garbage can is full.
De vuilnisbak zit vol.
Give me the file because today is the deadline.
Geef me het bestand want vandaag is de deadline.
Where do I put the binder?
Waar laat ik de opbergmap?
The ruler is next to the shredder.
De liniaal ligt naast de papierversnipperaar.
I need a stamp and an envelope.
Ik heb een postzegel en een envelop nodig.
There is a letter in the mail.
Er zit een brief in de post.

SCHOOL - SCHOOL

Student - Student
Teacher - Leerkracht
Substitute teacher - Invalleerkracht
A class - Een klas / **A classroom** - Een klaslokaal
Education - Onderwijs
Private school – Particuliere school
Public school - Openbare school
Elementary school - Basisschool
Middle school - Middelbare school
High school - Middelbare school
University - Universiteit/ **College -** Hogeschool
Grade (level) - Niveau/ **Grade** (grade on a test) - Cijfer
Pass - Slagen/ **Fail -** Zakken
Absent - Afwezig/ **Present -** Aanwezig

The classroom is empty.
Het klaslokaal is leeg.
I want to bring my laptop to class.
Ik wil mijn laptop meenemen naar de les.
Our math teacher is absent and therefore a substitute teacher replaced him.
Onze wiskundeleraar is afwezig en daarom heeft een invalleerkracht hem vervangen.
All the students are present.
Alle leerlingen zijn aanwezig.
Make sure to pass your classes because you can't fail this semester.
Zorg ervoor dat je slaagt voor je lessen, want je mag dit semester niet falen.
The education level at a private school is much more intense.
Het opleidingsniveau op een particuliere school is veel intensiever.
I went to a public elementary and middle school.
Ik ging naar een openbare lagere en middelbare school.
I have good memories of high school.
Ik heb goede herinneringen aan de middelbare school.
My son is 15 years old and he is in the ninth grade.
Mijn zoon is 15 jaar oud en hij zit in de derde klas.
You must get good grades on your report card.
Je moet goede cijfers halen op je rapport.
College textbooks are expensive.
Schoolboeken zijn duur.
I want to study at an out-of-state university.
Ik wil studeren aan een universiteit in een andere provincie.

Subject - Vak
Science - Science/ **Chemistry -** Scheikunde/ **Physics -** Natuurkunde
Geography - Aardrijkskunde
History - Geschiedenis
Math - Wiskunde
Addition - Optellen / **Subtraction -** Aftrekken
Division - Delen / **Multiplication -** Vermenigvuldigen
Language - Taal/ **English -** Engels/ **Foreign language -** Vreemde taal
Physical education - Lichamelijke opvoeding
Chalk - Krijt/ **Board -** Bord
Report card - Rapport
Alphabet - Alfabet / **Letters -** Letters / **Words -** Woorden
To review - Beoordelen
Dictionary - Woordenboek
Detention - Nablijven
The principle - De rector

At school, geography is my favorite class, English is easy, math is hard, and history is boring.
Op school is aardrijkskunde mijn favoriete vak, Engels is makkelijk, wiskunde is moeilijk en geschiedenis is saai.
After English class, there is physical education.
Na de Engelse les is er lichamelijke opvoeding.
Today's math lesson is on addition and subtraction. Next month it will be division and multiplication.
De wiskundeles van vandaag gaat over optellen en aftrekken. Volgende maand is het delen en vermenigvuldigen.
This year for foreign language credits, I want to choose Dutch and German.
Om dit jaar studiepunten voor vreemde talen te halen, wil ik kiezen voor Nederlands en Duits.
I want to buy a dictionary, thesaurus, and a journal for school.
Voor school wil ik een woordenboek, synoniemenlijst en dagboek kopen.
The teacher needs to write the homework on the board with chalk.
De leerkracht moet het huiswerk met krijt op het bord schrijven.
Today the students have to review the letters of the alphabet.
Vandaag moeten de leerlingen de letters van het alfabet doornemen.
The teacher wants to teach the students roman numerals.
De leerkracht wil de studenten Romeinse cijfers leren.
If you can't behave well then you must go to the principal's office, and maybe stay after school for detention.
Als je je niet goed kunt gedragen, moet je naar het kantoor van de rector gaan en misschien nablijven.

Test - Proefwerk/ **Quiz** - Quiz
Lesson - Les/ **Notes** - Aantekeningen
Homework - Huiswerk/ **Assignment** - Opdracht/ **Project** - Project
Backpack - Rugzak / **Book** - Boek/ **Folders** - Mappen
Notebook - Notitieboekje/ **Papers** - Papieren
Calculator - Rekenmachine
Glue - Lijm/ **Scissors** - Schaar / **Adhesive tape** - Plakband
Lunchbox - Broodtrommel/ **Lunch** - Lunch/ **Cafeteria** - Cafeteria
Kindergarten - Kleuterschool/ **Pre-school** - Peuterspeelzaal
Day care - Dagopvang
Triangle - Driehoek/ **Square** - Vierkant/ **Circle** - Cirkel
Crayons - Kleurpotloden

Today, we don't have a test but we have a surprise quiz.
Vandaag hebben we geen proefwerk, maar wel een verrassingsquiz.
Are a pen, a pencil, and an eraser included with the school supplies?
Zit er een pen, potlood en gum inbegrepen bij de schoolspullen?
I think my notebook and calculator are in my backpack.
Ik denk dat mijn notitieboekje en rekenmachine in mijn rugzak zitten.
All my papers are in my folder.
Al mijn papieren zitten in mijn map.
I need glue and scissors for my project.
Ik heb lijm en een schaar nodig voor mijn project.
I need tape and a stapler to fix my book.
Ik heb plakband en een nietmachine nodig om mijn boek te herstellen.
You have to concentrate in order to take notes.
Je moet je concentreren om aantekeningen te maken.
The school librarian wants to invite the art and music teacher to the library next week.
De schoolbibliothecaris wil de kunst- en muziekleraar volgende week uitnodigen in de bibliotheek.
For lunch, your children can purchase food at the cafeteria or they can bring food from home.
Voor de lunch kunnen uw kinderen eten kopen in de kantine of eten van thuis meenemen.
I forgot my lunchbox and crayons at home.
Ik ben mijn broodtrommel en kleurpotloden vergeten.
To draw shapes such as a triangle, square, circle, and rectangle is easy.
Het tekenen van vormen zoals een driehoek, vierkant, cirkel en rechthoek is eenvoudig.
During the week, my youngest child is at daycare, my middle one is in pre-school, and the oldest is in kindergarten.
Doordeweeks zit mijn jongste kind op de crèche, mijn middelste op de peuterspeelzaal en de oudste op de kleuterschool.

PROFESSION - BEROEP

Doctor - Dokter/ **Nurse** - Verpleegster
Psychologist - Psycholoog/ **Psychiatrist** - Psychiater
Veterinarian - Dierenarts
Lawyer - Advocaat/ **Judge** - Rechter
Pilot - Piloot/ **Flight attendant** - Stewardess
Reporter - Verslaggever/ **Journalist** - Journalist
Electrician - Elektricien/ **Mechanic** - Monteur
Investigator - Onderzoeker/ **Detective** - Detective
Translator - Vertaler
Producer - Producent/ **Director** - Directeur

What's your profession?
Wat is jouw beroep?
I am going to medical school to study medicine because I want to be a doctor.
Ik ga medicijnen studeren, want ik wil dokter worden.
There is a difference between a psychologist and a psychiatrist.
Er is een verschil tussen een psycholoog en een psychiater.
Most children want to be an astronaut, a veterinarian, or an athlete.
De meeste kinderen willen astronaut, dierenarts of atleet worden.
The judge spoke to the lawyer at the court house.
De rechter sprak met de advocaat in het gerechtsgebouw.
The police investigator needs to investigate this case.
De rechercheur van de politie moet deze zaak onderzoeken.
Being a detective could be a fun job.
Een baan als detective kan leuk zijn.
The flight attendant and the pilot are on the plane.
De stewardess en de piloot zitten in het vliegtuig.
I am a certified electrician.
Ik ben een bevoegde elektricien.
The mechanic overcharged me.
De monteur heeft me te veel in rekening gebracht.
I want to be a journalist.
Ik wil journalist worden.
The best translators work at my company.
Bij mijn bedrijf werken de beste vertalers.
Are you a photographer?
Ben jij een fotograaf?
The author wants to hire a ghostwriter to write his book.
De auteur wil een ghostwriter inhuren om zijn boek te schrijven.
I want to find the directors of the company.
Ik wil de directeuren van het bedrijf vinden.

Artist (performer) **-** Artiest / **Artist** (draws paints picture) **-** Kunstenaar
Author - Auteur
Painter - Schilder
Dancer - Danser
Writer - Schrijver
Photographer - Fotograaf
A cook - Een kok **/ A chef -** Een chef-kok
Waiter - Ober
Bartender - Barman
Barber shop - Kapperszaak**/ Barber -** Kapper
Stylist - styliste
Maid - Dienstmeid/ **Housekeeper -** Huishoudster
Caretaker - Huismeester
Farmer - Boer**/ Gardner -** Tuinman
Mailman - Postbode
A guard - Een bewaker
A cashier - Een kassier

The artist produced this artwork for her catalog.
De kunstenares maakte dit kunstwerk voor haar catalogus.
The artist drew a sketch.
De kunstenaar maakte een schets.
I want to apply as a cook at the restaurant instead of as a waiter.
Ik wil solliciteren voor de kok-functie in het restaurant in plaats van kelner.
The gardener can only come on weekdays.
De tuinman kan alleen doordeweeks komen.
I have to go to the barbershop now.
Ik moet nu naar de kapper.
Being a bartender isn't an easy job.
Het is niet makkelijk om barman te zijn.
Why do we need another maid?
Waarom hebben wij nog een dienstmeid nodig?
I want to file a complaint against the mailman.
Ik wil een klacht indienen tegen de postbode.
I am a part-time artist.
Ik ben parttime kunstenaar.
She was a dancer at the play.
Ze was danseres in het toneelstuk.
You need to contact the insurance company if you want to find another caretaker.
U moet contact opnemen met de verzekeringsmaatschappij als u een andere verzorger wilt zoeken.
The farmer can sell us ripened tomatoes today.
De boer kan vandaag rijpe tomaten aan ons verkopen.

BUSINESS - ZAKELIJK

A business - Een bedrijf/ **Company -** Bedrijf/ **Factory -** Fabriek
A professional - Een professional
Position - Positie/ **Work, job -** Werk, baan/ **Employee -** Werknemer
Owner - Eigenaar/ **Manager -** Manager/ **Management -** Management
Secretary - Secretaris
An interview - Een interview/ **Resumé -** CV
Presentation - Presentatie
Specialist - Specialist
To hire - Aannemen/ **To fire -** Ontslaan
Pay check - Salaris/ **Income -** Inkomen/ **Salary -** Salaris
Insurance - Verzekering/ **Benefits -** Voordelen
Trimester - Trimester/ **Budget -** Budget
Net - Netto/ **Gross -** Bruto
To retire - Met pensioen gaan / **Pension -** Pensioen

I need a job.
Ik heb een baan nodig.
She is the secretary of the company.
Zij is de secretaris van het bedrijf.
The manager needs to hire another employee.
De manager moet een nieuwe werknemer aannemen.
I am lucky because I have an interview for a cashier position today.
Ik heb geluk, want ik heb vandaag een sollicitatiegesprek voor een functie als kassamedewerker.
How much is the salary and does it include benefits?
Hoe hoog is het salaris, en is het inclusief toeslagen?
Management has your resumé and they need to show it to the owner of the company.
Het management heeft uw cv en moet het aan de eigenaar van het bedrijf laten zien.
I am at work at the factory now.
Ik ben nu aan het werk in de fabriek.
In business, you should be professional.
In de bedrijfswereld moet je professioneel zijn.
Is the presentation ready?
Is de presentatie gereed?
The first trimester is part of the annual budget.
Het eerste trimester maakt deel uit van de jaarbegroting.
I have to see the net and gross profits of the business.
Ik moet de netto- en brutowinst van het bedrijf zien.
I want to retire already.
Ik wil nu al met pensioen.

Client - Klant / **Broker -** Makelaar/ **Salesperson -** Verkoper
Realtor - Makelaar/ **Real Estate Market -** Vastgoedmarkt
A purchase - Een aankoop/ **A lease -** Een lease/ **To lease -** Leasen
To invest - Investeren/ **Investment -** Investering
Landlord - Verhuurder/ **Tenant -** Huurder
Economy - Economie/ **Mortgage -** Hypotheek
Interest rate - Rente/ **A loan -** Een lening
Commission - Commissie/ **Percent -** Procent
A sale - Een verkoop/ **Value -** Waarde/ **Profit -** Winst
The demand - De vraag/ **The supply -** Het aanbod
A contract - Een contract / **Terms -** Voorwaarden
Signature - Handtekening/ **Initials -** Initialen
Stock - Aandeel/ **Stock broker -** Effectenmakelaar
Advertisement, ad - Advertentie / **To advertise -** Adverteren

I can earn a huge profit from stocks.
Ik kan een enorme winst behalen met aandelen.
The demand in the real estate market depends on the country's economy.
De vraag op de vastgoedmarkt is afhankelijk van de economie van een land.
If you want to sell your home, I can recommend a very good realtor.
Als u uw huis wilt verkopen, kan ik u een zeer goede makelaar aanbevelen.
The investor wants to invest in this shopping center because of its good potential.
De investeerder wil in dit winkelcentrum investeren vanwege het grote potentieel.
The value of the property increased by twenty percent.
De waarde van het pand steeg met twintig procent.
How much is the commission on the sale?
Hoeveel bedraagt de commissie op de verkoop?
The client wants to lease instead of purchasing the property.
De klant wil het pand huren in plaats van kopen.
What are the terms of the purchase?
Wat zijn de aankoopvoorwaarden?
I can negotiate a better interest rate.
Ik kan een betere rente onderhandelen.
I need a small loan in order to pay my mortgage this month.
Ik heb een kleine lening nodig om mijn hypotheek van deze maand te betalen.
I need a signature and initials on the contract.
Ik heb een handtekening en paraaf nodig op het contract.
My position in the company is marketing and I am responsible for advertising and ads.
Mijn functie in het bedrijf is marketing en ik ben verantwoordelijk voor de reclame en advertenties.

Money - Geld / **Currency** - Valuta
Cash - Contant / **Coins** - Munten
Change (change for a bill) - Wisselgeld
Credit - Krediet
Tax - Belasting
Price - Prijs
Invoice - Factuur
Inventory - Inventaris
Merchandise - Assortiment
A refund - Een terugbetaling
Product - Product
Produced - Geproduceerd
Retail - Detailhandel
Wholesale - Groothandel
Imports - Import / **Exports** - Export
To ship - Verzenden
Shipment - Verzending

Don't forget to bring cash with you.
Vergeet niet contant geld mee te nemen.
Do you have change for a 100 Euro bill?
Heb je wisselgeld voor een biljet van 100 euro?
I don't have a credit card.
Ik heb geen creditcard.
The salesperson told me there is no refund.
De verkoper vertelde me dat er geen restitutie mogelijk is.
This product is produced in Italy.
Dit product is geproduceerd in Italië.
I work in the export/import business.
Ik werk in de export/import business.
Let me check my inventory.
Laat me mijn inventaris controleren.
This product is insured.
Dit product is verzekerd.
This invoice contains a mistake.
Deze factuur bevat een fout.
What is the wholesale and retail value of this shipment?
Wat is de groot- en detailhandelswaarde van deze zending?
You don't have enough money to purchase the merchandise.
Je hebt niet genoeg geld om de goederen te kopen.
How much does the shipping cost and is it in foreign currency?
Hoeveel kost de verzending en is het in vreemde valuta?
There is a tax exemption on this income.
Op deze inkomsten is een belastingvrijstelling van toepassing.

SPORTS - SPORT

Basketball - Basketbal**/ Soccer -** Voetbal
Game - Wedstrijd**/ Stadium -** Stadion **/ Ball -** Bal**/ Player -** Speler
To jump - Springen**/ To throw -** Gooien
To kick - Schoppen**/ To catch -** Vangen
Coach - Coach**/ Referee -** Scheidsrechter
Competition - Competitie
Team - Team **/ Teammate -** Teamgenoot
National team - Nationaal team
Opponent - Tegenstander
Half time - Rust**/ Finals -** Finale **/ Scores -** Uitslagen
The goal - Het doel**punt/ A goal -** Een doelpunt
To lose - Verliezen**/ A Defeat -** Een nederlaag
To win - Winnen**/ A victory -** Een overwinning
The looser - De verliezer **/ The winner -** De winnaar
Fans - Fans **/ Field -** Veld
Helmet - Helm
Penalty - Straf
Basket - Mand

I like to watch basketball games.
Ik kijk graag naar basketbalwedstrijden.
Soccer is my favorite sport.
Voetbal is mijn favoriete sport.
To play basketball, you need to be good at throwing and jumping.
Om te basketballen, moet je goed kunnen gooien en springen.
The national team has a lot of fans.
Het nationale team heeft veel fans.
My teammate can't find his helmet.
Mijn teamgenoot kan zijn helm niet vinden.
The coach and the team were on the field during half-time.
Tijdens de rust stonden de coach en het team op het veld.
The coach needs to bring his team today to meet the new referee.
De coach moet zijn team vandaag meenemen om de nieuwe scheidsrechter te ontmoeten.
Our opponents went home after their defeat.
Onze tegenstanders gingen na hun nederlaag naar huis.
I have tickets to a soccer game at the stadium.
Ik heb kaartjes voor een voetbalwedstrijd in het stadion.
The player received a penalty for kicking the ball in the wrong goal.
De speler werd bestraft omdat hij de bal in het verkeerde doel trapte.
Not every person likes sports.
Niet iedereen houdt van sport.

Athlete - Atleet/ **Olympics** - Olympische Spelen
World cup - Wereldbeker /. **Tournament** - Toernooi
Bicycle - Fiets/ **Cyclist** - Fietser/ **Swimming** - Zwemmen
Wrestling - Worstelen/ **Boxing** - Boksen/ **Martial arts** - Vechtsport
Championship - Kampioenschap/ **Award** - Onderscheiding
Horse racing - Paardenrennen/ **Racing** - Racen
Exercise - Work-out/ **Fitness** - Fitness / **Gym** - Sportschool
Captain - Aanvoerder/ **Judge** - Scheidsrechter / **Trainer** - Trainer
A match - Een wedstrijd/ **Rules** - Regels/ **Track** - Baan
Pool (billiards) - Biljart/ **Pool** (swimming pool) - Zwembad

Today are the finals for the Olympic Games.
Vandaag zijn de finales van de Olympische Spelen.
Let's see who wins the World Cup.
Laten we eens kijken wie het WK wint.
I want to compete in the cycling championship.
Ik wil meedoen aan het wielerkampioenschap.
I am an athlete so I must stay in shape.
Ik ben een atleet, dus ik moet in vorm blijven.
After my boxing lesson, I want to go and swim in the pool.
Na mijn boksles wil ik gaan zwemmen in het zwembad.
He will receive an award because he is the winner of the martial-arts tournament.
Hij krijgt een onderscheiding, want hij is de winnaar van het vechtsporttoernooi.
The wrestling captain must teach his team the rules of the game.
De worstelaanvoerder moet zijn team de regels van het spel uitleggen.
At the horse-racing competition, the judge couldn't announce the score.
Bij de paardenrenwedstrijd kon de jury de score niet bekendmaken.
There is a bicycle race at the park today.
Vandaag is er een wielerwedstrijd in het park.
This fitness program is expensive.
Dit fitnessprogramma is duur.
It's healthy to go to the gym every day.
Het is gezond om elke dag naar de sportschool te gaan.
Weightlifting is good exercise.
Gewichtheffen is een goede work-out.
I want to run on the track today.
Ik wil vandaag op de baan rennen.
I like to win in billiards.
Ik win graag met biljart.
Ice skating is much easier than it seems.
Schaatsen is veel makkelijker dan het lijkt.

OUTDOOR ACTIVITIES - OUTDOOR ACTIVITEITEN

Hiking - Wandelen
Hiking trail - Wandelpad
Pocket knife - Zakmes
Compass - Kompas
Camping - Kamperen/ **A camp -** Een kamp
Campground - Camping / **Tent -** Tent
RV - Camper
Campfire - Kampvuur/ **Matches -** Lucifers/ **Lighter -** Aansteker
Coal - Steenkool / **Flame -** Vlam / **The smoke -** De rook
Fishing - Vissen/ **To fish -** Vissen
Fishing pole - Vishengel/ **Fishing line -** Vislijn
Hook - Haak/ **A float -** Een dobber
A weight - Een gewicht/ **Bait -** Lokaas
Fishing net - Visnet
To hunt - Jagen / **Rifle -** Geweer

I enjoy hiking on the trail, with my compass and my pocketknife.
Ik geniet van wandelen op het pad, met mijn kompas en mijn zakmes.
Don't forget the water bottle in your backpack.
Vergeet de bidon in je rugzak niet.
There aren't any tents at the campground.
Er zijn geen tenten op de camping.
I want to sleep in an RV instead of a tent.
Ik wil slapen in een camper in plaats van een tent.
We can use a lighter to start a campfire.
We kunnen een aansteker gebruiken om een kampvuur te maken.
We need coal and matches for the trip.
We hebben kolen en lucifers nodig voor de reis.
Put out the fire because the flames are very high and there is a lot of smoke.
Blus het vuur, want de vlammen zijn erg hoog en er is veel rook.
There is fog outside and the temperature is below freezing.
Buiten is het mistig en de temperatuur ligt onder het vriespunt.
Where is the fishing store? I need to buy hooks, fishing line, bait, and a net.
Waar is de hengelsportzaak? Ik moet haken, een vislijn, aas en een net kopen.
You can't bring your fishing pole or your hunting rifle to the campground of the State Park because there is a sign there which says, "No fishing and no hunting."
U kunt uw hengel of jachtgeweer niet meenemen naar de camping van het nationaal park omdat daar een bord staat met de tekst: "Niet vissen en niet jagen."

Sailing - Zeilen
A sail - Een zeil
Sailboat - Zeilboot
Rowing - Roeien
A paddle - Een peddel
Motor - Motor
Canoe - Kano / **Kayak** - Kajak
Rock climbing - Rotsklimmen
Horseback riding - Paardrijden
Diver - Duiker
Scuba diving - Duiken
Skydiving - Parachutespringen
Parachute - Parachute / **Paragliding** - Paragliden
Hot air balloon - Heteluchtballon
Kite - Vlieger
Surfing - Surfen/ **Surf board** - Surfplank
Ice skating - Schaatsen/ **Skiing** - Skiën

With a broken motor, we need a paddle to row the boat.
Door een kapotte motor hebben we een peddel nodig om de boot te roeien.
It's important to know how to use a sail before sailing on a sailboat.
Het is belangrijk om te weten hoe je een zeil moet gebruiken voordat je op een zeilboot vaart.
In my opinion, a kayak is much more fun than a canoe.
Naar mijn mening is een kajak veel leuker dan een kano.
Do I need to bring my scuba certification in order to scuba dive at the coral reef?
Moet ik mijn duikbrevet meenemen om te duiken bij het koraalrif?
I have my mask, snorkel, and fins.
Ik heb mijn masker, snorkel en vinnen.
I don't know which is scarier, sky diving or paragliding.
Ik weet niet wat enger is, parachutespringen of paragliden.
There are several outdoor activities here including rock climbing and horseback riding.
Er zijn hier diverse buitenactiviteiten, waaronder bergbeklimmen en paardrijden.
My dream was always to fly in a hot-air balloon.
Mijn droom was altijd om in een heteluchtballon te vliegen.
We are going skiing on our next vacation.
Op onze volgende vakantie gaan we skiën.
Where is the surfboard? I want to surf the waves at the beach.
Waar is de surfplank? Ik wil surfen op de golven voor het strand.
Ice skating is fun.
Schaatsen is leuk.

ELECTRICAL DEVICES - ELEKTRISCHE APPARATEN

Electronic - Elektronisch/ **Electricity -** Elektriciteit
Appliance - Apparaat
Oven - Oven
Stove - Fornuis
Microwave - Magnetron
Refrigerator - Koelkast/ **Freezer -** Vriezer
Coffee maker - Koffiezetapparaat/ **Coffee pot-** Koffiepot
Toaster - Broodrooster
Dishwasher - Vaatwasser
Laundry machine - Wasmachine/ **Laundry -** Was
Dryer - Droger
Fan - Ventilator/ **Air condition -** Airco
Alarm - Wekker
Smoke detector - Rookmelder
Battery - Batterij

He needs to pay his electric bill if he wants electricity.
Als hij elektriciteit wil, moet hij zijn elektriciteitsrekening betalen.
I want to purchase a few things at the electronic appliance store.
Ik wil een paar dingen kopen in de elektronicazaak.
I can't put plastic utensils in the dishwasher.
Ik mag geen plastic bestek in de vaatwasser doen.
I am going to get rid of my microwave and oven because they are not functioning.
Ik ga mijn magnetron en oven weggooien, want deze werken niet meer.
The refrigerator and freezer aren't cold enough.
De koelkast en vriezer zijn niet koud genoeg.
The coffee maker and toaster are in the kitchen.
Het koffiezetapparaat en de broodrooster staan in de keuken.
My washing machine and dryer do not function therefore I must wash my laundry at the public laundromat.
Mijn wasmachine en droger doen het niet, daarom moet ik mijn was naar de openbare wasserette brengen.
Is this fan new?
Is dit een nieuwe ventilator?
Unfortunately, the new air conditioner unit hasn't been delivered yet.
Helaas is de nieuwe airco nog niet geleverd.
Is that annoying sound the alarm clock or the fire alarm?
Is dat vervelende geluid de wekker of het brandalarm?
The smoke detector needs new batteries.
De rookmelder heeft nieuwe batterijen nodig.

Lamp - Lamp
Stereo - Stereo
A (wall) clock - Een klok **/ A watch -** Een horloge
Vacuum cleaner - Stofzuiger
Phone - Telefoon**/ Text message -** SMS**/Voice message -** Spraakbericht
Camera - Camera
Flashlight - Zaklamp**/ Light -** Licht
Furnace - Oven**/ Heater -** Verwarming
Cord - Snoer**/ Charger -** Oplader
Outlet - Stopcontact
Headsets - Headsets
Door bell - Deurbel
Lawn mower - Grasmaaier

The clock is hanging on the wall.
De klok hangt aan de muur.
The cordless stereo is on the table.
De draadloze stereo staat op tafel.
I still have a home telephone.
Ik heb nog steeds een huistelefoon.
I need to buy a lamp and a vacuum cleaner today.
Ik moet vandaag een lamp en een stofzuiger kopen.
In the past, cameras were more common. Today, everyone can use their phones to take pictures.
Vroeger waren fototoestellen gebruikelijker. Tegenwoordig kan iedereen zijn telefoon gebruiken om foto's te maken.
You can leave me a voice message or send me a text message.
Je kunt een voicemailbericht voor me achterlaten of me een sms sturen.
The lights don't function when there is a blackout therefore I must rely on my flashlight.
De lichten werken niet als er een black-out is, daarom moet ik op mijn zaklamp vertrouwen.
I can't hear the doorbell.
Ik kan de deurbel niet horen.
There is a higher risk of causing a house fire from an electric heater than a furnace.
Er is een groter risico op het veroorzaken van een huisbrand door een elektrische kachel dan door een oven.
I need to connect the cord to the outlet.
Ik moet het snoer in het stopcontact doen.
His lawnmower is very noisy.
Zijn grasmaaier maakt veel lawaai.
Why is my headset on the floor?
Waarom ligt mijn koptelefoon op de grond?

TOOLS - GEREEDSCHAP

Toolbox - Gereedschapskist
Carpenter - Timmerman
Hammer - Hamer
Saw - Zaag/ **Axe -** Bijl
A drill - Een boor/ **To drill -** Boren
Nail - Spijker/ **A screw -** Een schroef
Screwdriver - Schroevendraaier/ **A wrench -** A moersleutel/ **Pliers -** Tang
Paint brush - Kwast/ **To paint -** Schilderen/ **The paint -** De verf
Ladder - Ladder
Rope - Touw/ **String -** Koord
A scale - Een weegschaal/ **Measuring tape -** Meetlint
Machine - Maschine
A lock - Een slot / **Locked -** Vergrendeld/ **To lock -** Vergrendelen
Equipment - Uitrusting
Metal - Metaal/ **Steel -** Staal/ **Iron -** IJzer
Broom - Bezem/ **Dust pan -** Stofblik
Mop - Dweil
Bucket - Emmer/ **Sponge -** Spons
Shovel - Schop/ **A trowel -** Een troffel

The carpenter needs nails, a hammer, a saw, and a drill.
De timmerman heeft spijkers, een hamer, een zaag en een boor nodig.
The string is very long. Where are the scissors?
Het koord is erg lang. Waar is de schaar?
The screwdriver is in the toolbox.
De schroevendraaier ligt in de gereedschapskist.
This tool can cut through metal.
Dit gereedschap kan door metaal snijden.
The ladder is next to the tools.
De ladder staat naast het gereedschap.
I must buy a brush to paint the walls.
Ik moet een kwast kopen om de muren te schilderen.
The paint bucket is empty.
De verfemmer is leeg.
It's better to tie the shovel with a rope in my pick up truck.
Het is beter om de schop met een touw vast te binden in mijn pick-up truck.
How can I fix this machine?
Hoe kan ik deze machine repareren?
The broom and dust pan are with the rest of my cleaning equipment.
De bezem en het stofblik liggen bij de rest van mijn schoonmaakspullen.
Where did you put the mop and the bucket?
Waar heb je de dweil en de emmer gelaten?

CAR - AUTO

Engine - Motor
Ignition - Ontsteking
Steering wheel - Stuur
Automatic - Automatisch
Manual - Handmatig
Gear shift - Versnellingspook
Seat - Stoel
Seat belt - Veiligheidsgordel
Airbag - Airbag
Brakes - Remmen / **Handbrake -** Handrem
Baby seat - Kinderzitje
Driver seat - Bestuurdersstoel
Passenger seat - Passagiersstoel
Front seat - Voorstoel
Back seat - Achterbank
Car passenger - Autopassagier
Warning light - Waarschuwingslicht
Button - Knop/ **Car horn -** Claxon

When driving, both hands must be on the steering wheel.
Tijdens het rijden moeten beide handen op het stuur zitten.
I must take my car to my mechanic because there is a problem with the ignition.
Ik moet mijn auto naar mijn monteur brengen omdat er een probleem is met de ontsteking.
What happened to the engine?
Wat is er met de motor gebeurd?
The seat is missing a seat belt.
Er ontbreekt een veiligheidsgordel op de stoel.
I prefer a gear shift instead of an automatic car.
Ik geef de voorkeur aan een auto met versnellingspook in plaats van een automaat.
The brakes are new in this vehicle
De remmen in dit voertuig zijn nieuw.
This vehicle doesn't have a handbrake.
Dit voertuig heeft geen handrem.
There is an airbag on both the driver side and the passenger side.
Zowel aan de bestuurderskant als aan de passagierskant zit een airbag.
The baby seat is in the back seat.
Het babyzitje bevindt zich op de achterbank.
The warning light button is located next to the stirring wheel.
De knop van het waarschuwingslichtzit naast het stuur.

Windshield - Windscherm
Windshield wiper - Ruitenwisser
Windshield fluid - Ruitenwisservloeistof
Rear view mirror - Achteruitkijkspiegel
Side mirror - Zijspiegel
Door handle - Deurklink
Spare tire - Reservewiel
Trunk - kofferbak
Hood (of the vehicle) - Motorkap
Alarm - Wekker
Window - Raam
Drive license - Rijbewijs
License plate - Kentekenplaat
Gasoline - Benzine
Low fuel - Weinig brandstof
Flat tire - Lekke band
Crowbar - Koevoet
A (car) jack - Autokrik
Wrench - Moersleutel

The windshield and all four of my car windows are cracked.
De voorruit en alle vier mijn autoruiten zijn gebarsten.
I want to clean my rear-view mirror and my side mirrors.
Ik wil mijn achteruitkijkspiegel en mijn zijspiegels schoonmaken.
My car doesn't have an alarm.
Mijn auto heeft geen alarm.
Does this car have a spare tire in the trunk?
Heeft deze auto een reservewiel in de kofferbak?
Please, close the car door.
Sluit alsjeblieft de autodeur.
Where is the nearest gas station?
Waar is het dichtstbijzijnde tankstation?
The windshield wipers are new.
De ruitenwissers zijn nieuw.
The door handle on the driver's side doesn't function.
De deurklink aan de bestuurderszijde werkt niet.
Your license plate has expired.
Uw kenteken is verlopen.
I want to renew my driving license today.
Ik wil vandaag mijn rijbewijs verlengen.
Are the car doors locked?
Zitten de autodeuren op slot?

NATURE - NATUUR

A plant - Een plant
Forest - Bos
Tree - Boom
Trunk - Stam/ **Branch -** Tak/ **Leaf -** Blad/ **Root -** Wortel
Flower - Bloem
Petal - Bloemblaadje
Blossom - Bloesem
Stem - Stengel/ **Seed -** Zaadje
Rose - Roos
Nectar - Nectar/ **Pollen -** Stuifmeel
Vegetation - Vegetatie/ **Bush -** Struik/ **Grass -** Gras
Rain forest - Regenwoud/ **Tropical -** Tropisch
Palm tree - Palmboom
Season - Seizoen/ **Spring -** Lente/ **Summer -** Zomer
Winter - Winter/ **Autumn -** Herfst

I want to collect a few leaves during the fall.
Ik wil in de herfst een paar blaadjes verzamelen.
There aren't any plants in the desert during this season.
Tijdens dit seizoen zijn er geen planten in de woestijn.
The trees need rain.
De bomen hebben regen nodig.
The trunk, the branches, and the roots are all parts of the tree.
De stam, de takken en de wortels zijn allemaal delen van de boom.
My rose bushes are beautiful.
Mijn rozenstruiken zijn prachtig.
Where can I plant the seeds?
Waar kan ik de zaadjes planten?
I must trim the grass and vegetation in my garden.
Ik moet het gras en de planten in mijn tuin snoeien.
The rain forest is a nature preserve.
Het regenwoud is een natuurreservaat.
Palm trees can only grow in a tropical climate.
Palmbomen kunnen alleen groeien in een tropisch klimaat.
I am allergic to pollen.
Ik ben allergisch voor pollen.
The orchid needs to bloom because I want to see its beautiful petals.
De orchidee moet gaan bloeien, want ik wil zijn mooie bloemblaadjes zien.
Is the nectar from the flower sweet?
Is de nectar van de bloem zoet?
Be careful because the plant stem can break very easily.
Wees voorzichtig, want de stengel van de plant kan heel gemakkelijk breken.

Lake - Meer
Sea - Zee
Ocean - Oceaan
Waterfall - Waterval
River - Rivier / **Canal -** Kanaal / **Swamp -** Moeras
Mountain - Berg/ **Hill -** Heuvel
Rainbow - Regenboog
Cloud - Wolk
Lightning - Bliksem / **Thunder -** Donder
Rain - Regen / **Snow -** Sneeuw
Ice - IJs / **Hail -** Hagel
Fog - Mist
Wind - Wind / **Air -** Lucht
Dew - Dauw
Sunset - Zonsondergang / **Sunrise -** Zonsopgang

There is a rainbow above the waterfall.
Er is een regenboog boven de waterval.
The ocean is bigger than the sea.
De oceaan is groter dan de zee.
From the mountain, I can see the river.
Vanaf de berg kan ik de rivier zien.
Today we hope to see snow.
Vandaag hopen we sneeuw te zien.
There aren't any clouds in the sky.
Er zijn geen wolken aan de lucht.
I see the lightning from my window.
Ik zie de bliksem vanuit mijn raam.
I can hear the thunder from outside.
Ik hoor de donder van buiten.
I want to see the sunset from the hill.
Ik wil de zonsondergang zien vanaf de heuvel.
The lake has a shallow part and a deep part.
Het meer heeft een ondiep en diep gedeelte.
I don't like the wind.
Ik hou niet van de wind.
The air on the mountain is very clear.
De lucht op de berg is heel helder.
Every dawn, there is dew on the leaves of my plants.
Elke ochtend zit er dauw op de bladeren van mijn planten.
Is this ice or hail?
Is dit ijs of hagel?
I can see the volcano.
Ik kan de vulkaan zien.

Sky - Hemel
World - Wereld/ **Earth** - Aarde / **Sun** - Zon
Moon - Maan/ **Crescent** - Halve maan/ **Full moon** - Volle maan
Star - Ster/ **Planet** - Planeet
Fire - Vuur/ **Heat** - Hitte/ **Humidity** - Vochtigheid
Agriculture - Landbouw
Island - Eiland / **Cave** - Grot
Public park - Openbaar park/ **National park** - Nationaal park
Rock - Rots/ **Stone** - Steen
Ground - Grond/ **Soil** - bodem
Sea shore - Kust/ **Seashell** - Zeeschelp
Dawn - Dageraad
Ray - Straal
Dry - Droog/ **Wet** - Nat
Deep - Diep/ **Shallow** - Ondiep
Weeds - Onkruid
A stick - Een stok
Dust - Stof

The moon and the stars are beautiful in the night sky.
De maan en de sterren zijn prachtig aan de nachtelijke hemel.
The earth is a planet.
De aarde is een planeet.
The heat today is unbearable.
De hitte van vandaag is ondraaglijk.
At the beach there is fresh air.
Aan het strand is er frisse lucht.
I want to sail to the island to see the sunrise.
Ik wil naar het eiland varen om de zonsopgang te zien.
Parts of the cave are dry and other parts are wet.
Delen van de grot zijn droog en andere delen zijn nat.
We live in a beautiful world.
We leven in een prachtige wereld.
There is dust from the fire in the park.
Er ligt stof van de brand in het park.
I want to collect seashells from the seashore.
Ik wil schelpen verzamelen aan de kust.
There are too many stones in the soil so it's impossible to use this area for agricultural purposes.
Er zitten te veel stenen in de grond, waardoor het onmogelijk is om dit gebied voor landbouwdoeleinden te gebruiken.
Why are there so many weeds growing by the swamp?
Waarom groeit er zoveel onkruid bij het moeras?

ANIMALS - DIEREN

Animal - Dier
Pet - Huisdier
Mammals - Zoogdieren
Dog - Hond/ **Cat** - Kat
Parrot - Papegaai
Pigeon - Duif
Pig - Varken
Sheep - Schaap
Cow - Koe/ **Bull** - Stier
Donkey - Ezel/ **Horse** - Paard
Camel - Kameel
Rodent - Knaagdier / **Mouse** - Muis/ **Rat** - Rat
Rabbit - Konijn/ **Hamster** - Hamster
Duck - Eend/ **Goose** - Gans
Turkey - Kalkoen / **Chicken** - Kip/ **Poultry** - Gevogelte
Squirrel - Eekhoorn

I have a dog and two cats.
Ik heb een hond en twee katten.
There is a bird on the tree.
Er zit een vogel in de boom.
I want to go to the zoo to see the animals.
Ik wil naar de dierentuin om de dieren te zien.
My daughter wants a pet horse.
Mijn dochter wil een paard als huisdier.
A pig, a sheep, a donkey, and a cow are considered farm animals.
Het varken, de schaap, de ezel en de koe worden beschouwd als boerderijdieren.
I want a hamster as a pet.
Ik wil een hamster als huisdier.
A camel is a desert animal.
Een kameel is een woestijndier.
Can I put ducks, geese, and turkeys inside my coop?
Kan ik eenden, ganzen en kalkoenen in mijn hok plaatsen?
We have rabbits and squirrels in our yard.
Wij hebben konijnen en eekhoorns in onze tuin.
It's cruel to keep a parrot inside a cage.
Het is wreed om een papegaai in een kooi te houden.
There are many pigeons in the city.
Er zijn veel duiven in de stad.
Mice and rats are rodents.
Muizen en ratten zijn knaagdieren.

Lion - Leeuw
Hyena - Hyena
Leopard - Luipaard / **Panther** - Panter
Cheetah - Jachtluipaard / Cheeta
Elephant - Olifant
Rhinoceros - Neushoorn / **Hippopotamus** - Nijlpaard
Bat - Vleermuis
Fox - Vos / **Wolf** - Wolf
Weasel - Wezel
Bear - Beer
Tiger - Tijger
Deer - Hert
Monkey - Aap
Otter - Otter
Marsupial - Buideldier

There are a lot of animals in the forest.
Er zijn veel dieren in het bos.
The most dangerous animal in Africa is not the lion, it's the hippopotamus.
Het gevaarlijkste dier in Afrika is niet de leeuw, maar het nijlpaard.
A wolf is much bigger than a fox.
Een wolf is veel groter dan een vos.
Are there bears in this forest?
Zijn er beren in dit bos?
Bats are the only mammals that can fly.
Vleermuizen zijn de enige zoogdieren die kunnen vliegen.
It's usually very difficult to see a leopard in the wild.
Er is doorgaans een zeer kleine kans om een luipaard in het wild te zien.
Cheetahs are common in certain regions of Africa and rare in others.
Cheeta's komen veel voor in bepaalde regio's van Afrika en zijn zeldzaam in andere gebieden.
Elephants and rhinoceroses are known as very aggressive animals.
Olifanten en neushoorns staan bekend als zeer agressieve dieren.
I saw a hyena and a panther at the safari yesterday.
Ik zag gisteren een hyena en een panter op de safari.
The largest member of the cat family is the tiger.
Het grootste lid van de kattenfamilie is de tijger.
Deer hunting is forbidden in the national park.
In het nationale park is het verboden om op herten te jagen.
There are many monkeys on the branches of the trees.
Er zitten veel apen op de takken van de bomen.
An opossum isn't a rat but it's a marsupial just like the kangaroo.
Een opossum is geen rat, maar een buideldier net als de kangoeroe.

Bird - Vogel
Crow - Kraai
Stork - Ooievaar
Vulture - Gier/ **Eagle** - Adelaar
Owl - Uil
Peacock - Pauw
Reptile - Reptiel
Turtle - Schildpad
Snake - Slang/ **Lizard** - Hagedis/ **Crocodile** - Krokodil
Frog - Kikker
Seal - Zeehond
Whale - Walvis/ **Dolphin** - Dolfijn
Fish - Vis
Shark - Haai
Wing - Vleugel/ **Feather** - Veer
Tail - Staart
Fur - Vacht
Scales - Schubben
Fins - Vinnen
Horns - Hoorns
Claws - Klauwen

An eagle and an owl are birds of prey however vultures are scavengers.
Een adelaar en een uil zijn roofvogels, maar gieren zijn aaseters.
Crows are very smart.
Kraaien zijn erg slim.
I want to see the stork migration in Europe.
Ik wil de trek van de ooievaar in Europa zien.
Don't buy a fur coat!
Koop geen bontjas!
Butterflies and peacocks are colorful.
Vlinders en pauwen zijn kleurrijk.
Some snakes are poisonous.
Sommige slangen zijn giftig.
Is that the sound of a cricket or a frog?
Is dat het geluid van een krekel of een kikker?
Lizards, crocodiles, and turtles belong to the reptile family.
Hagedissen, krokodillen en schildpadden behoren tot de reptielenfamilie.
I want to see the fish in the lake.
Ik wil de vissen in het meer zien.
There were a lot of seals basking on the beach last week.
Afgelopen week lagen er veel zeehonden te rusten op het strand.
A whale is not a fish.
Een walvis is geen vis.

Insect - Insect
A cricket - Een krekel
Ant - Mier/ **Termite** - Termiet
A fly - Een vlieg
Butterfly - Vlinder
Worm - Worm
Mosquito - Mug/ **Flea** - Vlooi/ **Lice** - Luizen
Beetle - Kever
A roach - Een kakkerlak
Bee - Bij
Spider - Spin/ **Scorpion** - Schorpioen
Snail - Slak
Invertebrates - Ongewervelde dieren
Shrimps - Garnalen/ **Clams** - Mosselen/ **Crab** - Krab
Octopus - Octopus
Starfish - Zeester
Jellyfish - Kwal

An octopus has eight tentacles.
Een octopus heeft acht tentakels.
A jellyfish is a common dish in Asian culture.
Kwal is een populair gerecht in de Aziatische cultuur.
The museum has a large collection of invertebrate fossils.
Het museum heeft een grote collectie fossielen van ongewervelde dieren.
I want to buy mosquito spray.
Ik wil muggenspray kopen.
I need antiseptic for my bug bites.
Ik heb ontsmettingsmiddel nodig voor mijn insectenbeten.
I hope there aren't any worms, ants, or flies in the bag of sugar.
Ik hoop dat er geen wormen, mieren of vliegen in de zak suiker zitten.
I have crabs and starfish in my aquarium.
Ik heb krabben en zeesterren in mijn aquarium.
Certain types of spiders and scorpions can be dangerous.
Bepaalde soorten spinnen en schorpioenen kunnen gevaarlijk zijn.
I need to call the exterminator because there are fleas, roaches, and termites in my house.
Ik moet de verdelger bellen, want er zitten vlooien, kakkerlakken en termieten in mijn huis.
Bees are very important for the environment.
Bijen zijn erg belangrijk voor het milieu.
Is there a snail inside the shell?
Zit er een slak in de schelp?
Beetles are my favorite insects.
Kevers zijn mijn favoriete insecten.

RELIGION, CELEBRATIONS, & CUSTOMS
RELIGIE, FEESTEN & GEBRUIKEN

God - God / **Bible -** Bijbel / **To pray -** Bidden / **Prayer -** Gebed
Old Testament - Oude Testament / **New Testament -** Nieuwe Testament
Adam - Adam / **Eve -** Eva / **Garden of Eden -** Hof van Eden
Heaven - Hemel / **Angels -** Engelen / **Priest -** Priester
Noah - Noach / **Ark -** Ark
Blessing - Zegening / **To bless -** Zegenen / **Holy -** Heilig / **Faith -** Geloof
Moses - Mozes / **Prophet -** Profeet / **Messiah -** Messias / **Miracle -** Wonder
Ten commandments - Tien geboden
The five books of Moses - De vijf boeken van Mozes
Genesis - Genesis / **Exodus -** Exodus / **Leviticus -** Leviticus
Deuteronomy - Deuteronomium

What is your religion?
Wat is jouw religie?
Many religions use the bible.
Veel religies gebruiken de bijbel.
We have faith in miracles.
Wij geloven in wonderen.
When do I need to say the blessing?
Wanneer moet ik de zegen uitspreken?
I must say a prayer for the holiday.
Ik moet bidden voor de vakantie.
The angels came from heaven.
De engelen kwamen uit de hemel.
Aaron, the brother of Moses, was the first priest.
Aäron, de broer van Mozes, was de eerste priester.
The story of Noah's Ark and the flood is very interesting.
Het verhaal van de ark van Noach en de zóndvloed is erg interessant.
Adam and Eve were the first humans and they lived in the Garden of Eden.
Adam en Eva waren de eerste mensen en leefden in de Hof van Eden.
Moses had to climb up on Mount Sinai to receive the Ten Commandments from God.
Mozes moest de berg Sinaï beklimmen om de Tien Geboden van God te ontvangen.
The Five Books of the Moses are Genesis, Exodus, Leviticus, Numbers, and Deuteronomy.
De vijf boeken van Mozes zijn Genesis, Exodus, Leviticus, Numeri en Deuteronomium.
Moses was considered as the prophet of all prophets.
Mozes werd beschouwd als de profeet van alle profeten.

The Christian Religion - De christelijke religie
Church - Kerk
Cathedral - Kathedraal
Catholic - Katholiek
Christian - Christelijk
Christianity - Christendom
Catholicism - Katholicisme
Jesus - Jezus
A cross - Een kruis
Priest - Priester
Holy - Heilig/ **Holy water** - Wijwater
To sin - Zondigen/ **A sin** - Een zonde
Monastery - Klooster
Christmas - Kerstmis
Christmas eve - Kerstavond
Christmas tree - Kerstboom
New Year - Nieuwjaar
Merry Christmas - Vrolijk kerstfeest
Easter - Pasen
Saint - Heilige/ **Nun** - Non/ **Chapel** - Kapel

The church is open today.
Vandaag is de kerk open.
Christians love to celebrate Christmas.
Christenen vieren graag Kerstmis.
Is it possible to turn on the lights on my Christmas tree for Christmas Eve?
Is het mogelijk om de lichten van mijn kerstboom op kerstavond aan te doen?
Two more weeks until Easter.
Nog twee weken tot Pasen.
The nuns live in the monastery.
De nonnen wonen in het klooster.
The priest read a psalm from the Bible in front of the congregation.
De priester las een psalm uit de Bijbel voor ten overstaan van de gemeente.
I went to pray in the cathedral.
Ik ging bidden in de kathedraal.
Happy holiday and Happy New Year to all my friends and family.
Fijne vakantie en een gelukkig nieuwjaar aan al mijn vrienden en familie.
The priest baptized the baby in the holy water.
De priester doopte de baby in het wijwater.
The devil and the demons are from hell.
De duivel en de demonen zijn van de hel.
Many schools refuse to teach evolution.
Veel scholen weigeren de evolutie te onderwijzen.

Jew - Jood/ **Judaism** - Jodendom
Hanukkah - Chanoeka/ **Menorah** - Menora
Dreidle - Dreidel/ **Passover** - Pascha
Kosher - Kosher
Circumcision - Besnijdenis
Synagogue - Synagoge
Goblet - Goblet/ **Wine** - Wijn
Religious - Religieus
Monotheism - Monotheïsme
Islam - Islaam/ **Muslim** - Moslim
Mohammed - Mohammed/ **Mosque** - Moskee
Hindu - Hindoe/ **Buddhist** - Boeddhist/ **Temple** - Tempel

The Jews worship at the synagogue.
De Joden aanbidden in de synagoge.
The Bible is a holy book which tells the story of the Jewish nations and includes many miracles.
De Bijbel is een heilig boek dat het verhaal van de Joodse naties vertelt en veel wonderen bevat.
In Judaism, they pray three times a day. Morning prayer, afternoon prayer, and evening prayer.
In het jodendom bidden ze drie keer per dag. Ochtendgebed, middaggebed en avondgebed.
The three forefathers are Abraham, Isaac, and Jacob.
De drie voorvaderen zijn Abraham, Isaac en Jacob.
To learn about the Holocaust and the concentration camps is very important.
Het is erg belangrijk om te leren over de Holocaust en de concentratiekampen.
Both the Hindu and Buddhist religion practice yoga, meditation and mantra.
Zowel de hindoeïstische als de boeddhistische religie beoefent yoga, meditatie en mantra.
Muslims worship at the mosque.
Moslims aanbidden in de moskee.
In Islam you must pray five times a day.
Volgens de islam moet je vijf keer per dag bidden.

WEDDING AND RELATIONSHIP
HUWELIJK EN RELATIE

Wedding - Bruiloft
Wedding hall - Trouwzaal
Married - Getrouwd
Civil wedding - Burgerlijk huwelijk
Bride - Bruid
Groom - Bruidegom
Ceremony - Ceremonie
Reception hall - Ontvangstzaal
Chapel - Kapel
Engagement - Verloving
Engagement ring - Verlovingsring
Wedding ring - Trouwring
Anniversary - Jubileum
Honeymoon - Huwelijksreis
Fiancé - Verloofde
Husband - Echtgenoot
Wife - Echtgenote

When is the wedding?
Wanneer is de bruiloft?
We are having the service in the chapel and the reception in the wedding hall.
We houden de dienst in de kapel en de receptie in de trouwzaal.
Our anniversary is on Valentine's Day.
Ons jubileum is op Valentijnsdag.
This is my engagement ring and this is my wedding ring.
Dit is mijn verlovingsring en dit is mijn trouwring.
They are finally married so now it's time for the honeymoon.
Ze zijn eindelijk getrouwd, dus nu is het tijd voor de huwelijksreis.
He decided to propose to his girlfriend. She said "yes" and now they are engaged.
Hij besloot zijn vriendin ten huwelijk te vragen. Ze zei "ja" en nu zijn ze verloofd.
He is my fiancé now. Next year he will be my husband.
Hij is nu mijn verloofde. Volgend jaar wordt hij mijn man.
Three civil weddings are taking place at the courthouse today.
Er vinden vandaag drie burgerlijke huwelijken plaats in het gerechtsgebouw.
The bride and groom received many presents.
Het bruidspaar kreeg veel cadeaus.

Valentine day - Valentijnsdag
Love - Liefde
To love - Liefhebben
In love - Verliefd
Romantic - Romantisch
Darling - Lieverd
A date - Een date / **afspraakje**
A (romantic) **relationship** - Een relatie
A (non-romantic) **relationship** - Een relatie
Boyfriend - Vriend
Girlfriend - Vriendin
To hug - Knuffelen
A hug - Een knuffel
To kiss - Kussen
A kiss - Een kus
Single - Vrijgezel / **Single**
Divorced - Gescheiden
Widow - Weduwe

I am in love with her.
Ik ben verliefd op haar.
I love her.
Ik hou van haar.
I love him.
Ik hou van hem.
I love you.
Ik hou van jou.
You are very romantic.
Jij bent erg romantisch.
They have a very good relationship.
Zij hebben een zeer goede relatie.
The husband and wife are happily married.
De man en vrouw zijn gelukkig getrouwd.
I am single because I divorced my wife.
Ik ben vrijgezel omdat ik gescheiden ben van mijn vrouw.
She is my darling and my love.
Ze is mijn schatje en mijn liefde.
I want to kiss you and hug you in this picture.
Ik wil je kussen en knuffelen op deze foto.

POLITICS - POLITIEK

Flag - Vlag
National anthem - Volkslied
Nation - Natie
National - Nationaal
International - Internationaal
Local - Lokaal
Patriot - Patriot
Symbol - Symbool
Peace - Vrede
Treaty - Verdrag
State - Staat
Country - Land
County - Provincie
Century - Eeuw
Military coup - Militaire staatsgreep
Rebels - Rebellen
Sanctions - Sancties

This is a political movement which is supported by the majority.
Dit is een politieke beweging die door de meerderheid wordt gesteund.
This flag is the national symbol of the country.
Deze vlag is het nationale symbool van het land.
This is all politics.
Dit draait allemaal om politiek.
There is a difference between state law and local law.
Er is een verschil tussen staatsrecht en lokaal recht.
He is a patriot of the nation.
Hij is een patriot van de natie.
Most countries have a national anthem.
De meeste landen hebben een volkslied.
This is a political campaign to demand independence.
Dit is een politieke campagne om onafhankelijkheid te eisen.
According to the government, the rebels carried out an illegal military coup.
Volgens de regering hebben de rebellen een illegale militaire staatsgreep gepleegd.
They must impose sanctions against that country.
Ze moeten sancties opleggen aan dat land.

Law - Wet
Legal - Juridisch / **Illegal** - Illegaal
International law - Internationaal recht
Human rights - Mensenrechten
Punishment - Straf
Torture - Marteling / **Execution** (to kill) - Executie
Spy - Spion
Amnesty - Amnestie
Political asylum - Politiek asiel
Republic - Republiek
Dictator - Dictator
Citizen - Burger
Resident - Inwoner
Immigrant - Immigrant
Public - Openbaar/ **Private** - Privé
Racism - Racisme
Government - Overheid
Revolution - Revolutie
Civilian - Civiel/ **A civilian** - Een burger
Population - Bevolking
Socialism - Socialisme / **Communism** - Communisme

There were many protests and riots today.
Er waren vandaag veel protesten en rellen.
The civilian population wanted a revolution.
De burgerbevolking wilde een revolutie.
The politicians want to ask the president to give the captured spy amnesty.
De politici willen de president vragen om de gevangengenomen spion amnestie te verlenen.
Although he was the brutal dictator of the republic, in private he was a nice person.
Hoewel hij de meedogenloze dictator van de republiek was, was hij privé een aardig persoon.
In some countries torture and execution is a common form of legitimate punishment.
In sommige landen is foltering en executie een gebruikelijke vorm van legitieme bestraffing.
This is a violation of human rights and international law.
Dit is een schending van de mensenrechten en het internationaal recht.
Communism and socialism were popular in the 19th century.
Communisme en socialisme waren populair in de 19e eeuw.
In which county is this legal?
In welke provincie is dit legaal?

President - President
Statement - Verklaring
Presidential - Presidentieel
Vice president – Vice-president
Defense minister - Minister van Defensie
Interior minister - Minister van Binnenlandse Zaken
Exterior minister - Minister van Buitenlandse Zaken
Prime minister - Minister-President / **Premier**
Election - Verkiezing
Poll - Enquête
Campaign - Campagne
Candidate - Kandidaat
Democracy - Democratie
Movement - Beweging
Politician - Politicus
Politics - Politiek
To vote - Stemmen
Majority - Meerderheid
Independence - Onafhankelijkheid
Party - Partij
Veto - Veto
Impeachment - Aanklacht
Convoy - Konvooi

They want to appoint him as defense minister.
Ze willen hem aanstellen als minister van Defensie.
Both parties want to veto the impeachment inquiry.
Beide partijen willen een veto uitspreken over het aanklacht onderzoek.
I want to see the presidential convoy.
Ik wil het presidentiële konvooi zien.
In some countries other than the United States, they have a prime minister, interior minister, and exterior minister.
In sommige andere landen dan de Verenigde Staten hebben ze een Minister-President, een minister van Binnenlandse Zaken en een Minister van Buitenlandse Zaken.
I want to meet the president and the vice president.
Ik wil de president en de vice-president ontmoeten.
I want to go to the election polls to vote for the new candidate.
Ik wil naar de stembureaus om op de nieuwe kandidaat te stemmen.
We support democracy and are against fascism and racism.
Wij steunen democratie en zijn tegen fascisme en racisme.

United Nations - Verenigde Naties
Condemnation - Afkeuring
United States - Verenigde Staten
European Union - Europese Unie
Treason - Verraad
Fascism - Fascisme
Resistance - Verzet
Members - Leden
Captured – Gevangen genomen
To capture - Gevangen nemen
Ambassador - Ambassadeur
Embassy - Ambassade
Consulate - Consulaat
Biased - Vooringenomen
Unilateral - Eenzijdig
Bilateral - Bilateraal
Resolution - Resolutie

All the members of the resistance were accused of treason and had to ask for political asylum.
Alle verzetsleden werden beschuldigd van verraad en moesten politiek asiel aanvragen.
The resolution is biased.
De resolutie is vooringenomen.
This was an official condemnation.
Dit was een officiële afkeuring.
The United Nations is located in New York.
De Verenigde Naties is gevestigd in New York.
I am a United States citizen and a resident of the European Union.
Ik ben een staatsburger van de VS en een inwoner van de Europese Unie.
The ambassador's residence is located near the embassy.
De woonplek van de ambassadeur bevindt zich vlakbij de ambassade.
I need the phone number and address of the consulate.
Ik heb het telefoonnummer en adres van het consulaat nodig.
Are consular services available today?
Zijn de consulaire diensten beschikbaar vandaag?
The international peace treaty needs to include both sides.
Het internationale vredesverdrag moet beide partijen omvatten.

MILITARY - MILITAIR

Army - Leger
Armed forces - Strijdkrachten
Navy - Marine
Soldier - Soldaat
A force - Een kracht
Ground forces - Grondtroepen
Base - Basis/ **Headquarter** - Hoofdkwartier
Intelligence - Inlichtingendienst
Ranks - Rangen/ **Sergeant** - Sergeant/ **Lieutenant** - Luitenant
The general - De generaal / **Commander** - Commandant
Colonel - Kolonel
Chief of Staff - Stafchef
Enlistment - Aanmelding
Reserves - Reserves
War - Oorlog
Terrorism - Terrorisme/ **Terrorist** - Terrorist/ **Insurgency** - Opstand
Border crossing - Grensoverschrijding
Refugee - Vluchteling / **Camp** - Kamp

I want to enlist in the military.
Ik wil dienst nemen in het leger.
This base is designated for military aircraft only.
Deze basis is alleen bestemd voor militaire vliegtuigen.
That is the headquarters of the enemy.
Dat is het hoofdkwartier van de vijand.
This country has a powerful airforce.
Dit land heeft een sterke luchtmacht.
They need to enlist reserve forces for the war.
Ze moeten reservetroepen inschakelen voor de oorlog.
Welcome to the border crossing.
Welkom bij de grensoversteek.
Military intelligence relies on important sources of information.
De militaire inlichtingendienst steunt op belangrijke informatiebronnen.
The chief of staff was the target of a failed assassination attempt.
De stafchef was het doelwit van een mislukte moordaanslag.
The sniper killed the highest-ranking lieutenant.
De sluipschutter doodde de hoogste luitenant.
The terrorist group claimed responsibility for the car-bomb attack at the refugee camp.
De terreurgroep heeft de verantwoordelijkheid opgeëist voor de aanslag met een autobom in het vluchtelingenkamp.
It is impossible to defeat terrorism because it's an ideology.
Het is onmogelijk om terrorisme te verslaan, want het is een ideologie.

Air strike - Luchtaanval
Air force - Luchtmacht/ **Fighter jet** - Straaljager
Military aircraft - Militair vliegtuig
Drone - Drone/ **Stealth technology** - Stealth-technologie
Tank - Tank/ **Submarine** - Onderzeeër
Weapon - Wapen / **Armor** - Pantser
Grenade - Granaat/ **Mine** - Mijn/ **Bomb** - Bom/ **Explosion** - Explosie
Sniper - Sniper/ **Gun** - Pistool/ **Rifle** - Geweer/ **Bullet** - Kogel
Missile - Raket/ **Mortar** - Mortier
Anti tank missile - Antitankraket / **Anti aircraft missile** - Luchtafweerraket
Shoulder fire missile - Schoudervuurraket
Ammunition - Munitie/ **Supply** - Levering/ **Storage** - Opslag
Artillery - Artillerie / **Artillery shell** - Artilleriegranaat
Precision missile - Precisieraket / **Ballistic missile** - Ballistische raket
Atomic bomb - Atoombom/ **Nuclear weapon** - Kernwapen
Weapon of mass destruction - Massavernietigingswapen
Chemical weapon - Chemisch wapen
Flare system - fakkelsysteem

The M-16 is a US-made rifle.
De M-16 is een geweer van Amerikaanse makelij.
The tank fired artillery shells.
De tank vuurde artilleriegranaten af.
Shoulder-fired missiles are extremely dangerous and are hard to defend against.
Schouderafgevuurde raketten zijn buitengewoon gevaarlijk en zijn moeilijk om tegen te verdedigen.
The flare system is meant as a defense against anti-aircraft missiles.
Het fakkelsysteem is bedoeld als verdediging tegen luchtafweerraketten.
At the terrorist safe-house, guns, bullets, and grenades were found.
Bij de schuilplaats van de terrorist werden pistolen, kogels en granaten gevonden.
The coalition forces struck an enemy arms depot.
De coalitietroepen troffen een vijandelijk wapendepot.
An intense missile attack was carried out against the supply forces that resulted in many casualties.
Er werd een intense raketaanval uitgevoerd tegen de bevoorradingstroepen, waarbij veel slachtoffers vielen.
The terrorist cell fired ballistic missiles at the nuclear facility site.
De terroristische cel vuurde ballistische raketten af op het terrein van de nucleaire faciliteit.
Atomic bombs and chemical weapons are weapons of mass destruction.
Atoombommen en chemische wapens zijn massavernietigingswapens.

A target - Een doel / **To target** - Richten
An attack - Een aanval / **To attack** - Aanvallen/ **Intense** - Intens
To shoot - Schieten/ **Open fire** - Afvuren/ **Fired** - Afgevuurd
Assassination - Moord/ **Assassin** - Sluipmoordenaar
Reconnaissance - Verkenning/ **To infiltrate** - Infiltreren
Invasion - Invasie / **Enemy** - Vijand / **To surrender** - Zich overgeven
A cease fire - Een staakt-het-vuren / **Withdrawal** - Terugtrekking
Victim - Slachtoffer/ **Injured** - Gewond/ **Wounded** - Gewond
Deaths - Sterfgevallen/ **Killed** - Gedood/ **To kill** - Te doden
Prisoner of war - Krijgsgevangene / **Missing in action** - Vermist in actie
Act of war - Oorlogsdaad / **War crimes** - Oorlogsmisdaden
Defense - Verdediging / **Attempt** - Poging

There is an invasion of ground forces.
Er is een invasie van grondtroepen.
The soldier wanted to open fire and shoot at the invading forces.
De soldaat wilde het vuur openen en schieten op de binnenvallende troepen.
The bomb attack was considered an act of aggression and an act of war.
De bomaanslag werd beschouwd als een daad van agressie en een oorlogsdaad.
The reconnaissance drone managed to infiltrate deep within enemy territory.
De verkenningsdrone wist diep in vijandelijk gebied te infiltreren.
The airstrike targeted an ammunition storage site.
De luchtaanval was gericht op een munitieopslagplaats.
The mortar attack and exchange of fire caused injuries and deaths on both sides.
De mortieraanval en het vuurgevecht veroorzaakten aan beide kanten gewonden en doden.
First, we need to clear the mines.
Eerst moeten we de mijnen ontmantelen.
The ceasefire agreement included the release of prisoners of war.
Het staakt-het-vuren omvatte de vrijlating van krijgsgevangenen.
The army made a public statement to announce the withdrawal.
Het leger had een openbare verklaring afgelegd om de terugtrekking aan te kondigen.
There was a huge explosion as a result of the terrorist attack.
Er was een enorme explosie als gevolg van de terroristische aanslag.
The commander of the insurgency was accused of serious war crimes.
De commandant van de opstand werd beschuldigd van ernstige oorlogsmisdaden.
Several of the submarine sailors were missing in action.
Een aantal van de onderzeese matrozen werden vermist.

Conclusion

Hopefully, you have enjoyed this book and will use the knowledge you have learned in various situations in your everyday life. In contrast to other methods of learning foreign languages, the theory in this current usage is that ever-greater topics can be broached so that one's vocabulary can expand. This method relies on the discovery I made of the list of core words from each language. Once these are learned, your conversational learning skills will progress very quickly.

You are now ready to discuss sport and school and office-related topics and this will open up your world to a more satisfying extent. Humans are social creatures and language helps us interact. Indeed, at times, it can keep us alive, such as in war situations. You might find yourself in dangerous situations perhaps as a journalist, military personnel or civilian and you need to be armed with the appropriate vocabulary.

"This is a base for military aircraft only," you may have to tell some people who try to enter a field you are protecting, or know what you are being told when someone says to you, "Welcome to the border crossing." As a journalist on a foreign assignment, you may need to quickly understand what you are being told, such as "The sniper killed the highest-ranking lieutenant." If you are someone negotiating on behalf of the army, you may need to find another lieutenant very quickly. Lives, at times, literally depend on your level of understanding and comprehension.

This unique approach that I first discovered when using this method to learn on my own, will have helped you speak the Dutch language much quicker than any other way.

Congratulations! Now You Are on Your Own!

If you merely absorb the required words in this book, you will then have acquired the basis to become conversational in Dutch! After memorizing these words, this conversational foundational basis that you have just gained will trigger your ability to make improvements in conversational fluency at an amazing speed! However, in order to engage in quick and easy conversational communication, you need a special type of basics, and this book will provide you with just that.

Unlike the foreign language learning systems presently used in schools and universities, along with books and programs that are available on the market today, that focus on *everything* but being conversational, *this* method's sole focus is on becoming conversational in Dutch as well as any other language. Once you have successfully mastered the required words in this book, there are two techniques that if combined with these essential words, can further enhance your skills and will result in you improving your proficiency tenfold. *However*, these two techniques will only succeed *if* you have completely and successfully absorbed these required words. *After* you establish the basis for fluent communications by memorizing these words, you can enhance your conversational abilities even more if you use the following two techniques.

The first step is to attend a Dutch language class that will enable you to sharpen your grammar. You will gain additional vocabulary and learn past and present tenses, and if you apply these skills that you learn in the class, together with these words that you have previously memorized, you will be improving your conversational skills tenfold. You will notice that, conversationally, you will succeed at a much higher rate than any of your classmates. A simple second technique is to choose Dutch subtitles while watching a movie. If you have successfully mastered and grasped these words, then the combination of the two—those words along with the subtitles—will aid you considerably in putting all the grammar into perspective, and again, conversationally, you will improve tenfold.

Once you have established a basis of quick and easy conversation in Dutch with those words that you just attained, every additional word or grammar rule you pick up from there on will be gravy. And these additional words or grammar rules can be combined with the these words, enriching your conversational abilities even more. Basically, after the research and studies I've conducted with my method over the years, I came to the conclusion that in order to become conversational, you first must learn the words and *then* learn the grammar.

The Dutch language is compatible with the mirror translation technique. Likewise, with *this* language, you can use this mirror translation technique in order to become conversational, enabling you to communicate even more effortlessly. Mirror translation is the method of translating a phrase or sentence, word for word from English to Dutch, by using these imperative words that you have acquired through this program (such as the sentences I used in this book). Latin languages, Middle Eastern languages, and Slavic languages, along with a few others, are also compatible with the mirror translation technique. Though you won't be speaking perfectly proper and precise Dutch, you will still be fully understood and, conversation-wise, be able to get by just fine.

NOTE FROM THE AUTHOR

Thank you for your interest in my work. I encourage you to share your overall experience of this book by posting a review. Your review can make a difference! Please feel free to describe how you benefited from my method or provide creative feedback on how I can improve this program. I am constantly seeking ways to enhance the quality of this product, based on personal testimonials and suggestions from individuals like you. In order to post a review, please check with the retailer of this book.

Thanks and best of luck,
Yatir Nitzany

www.ingramcontent.com/pod-product-compliance
Lightning Source LLC
Chambersburg PA
CBHW070148080526
44586CB00015B/1892